Andreas und Angela Frész

ABENTEUER
Familie im Dienst

**Ein Kursbuch für engagierte Familien
in Gesellschaft, Gemeinde und Mission**

Die Bibelstellen wurden nach folgenden Übersetzungen zitiert:

Hoffnung für alle.
© 1986, 1996 International Bible Society,
übersetzt und herausgegeben vom Brunnen-Verlag, Basel

Die Bibel nach der Übersetzung von Martin Luther.
© 1984 Deutsche Bibelgesellschaft, Stuttgart

Revidierte Elberfelder Bibel.
© 1985, 1992 R. Brockhaus-Verlag, Wuppertal

Andreas und Angela Frész
Abenteuer – Familie im Dienst
© 2008 Great Commission Distribution Limited
PO Box 499
Harpenden
Herts AL5 9DT
England, UK

Umschlaggestaltung: Esther Frész
Herstellung: WinterDruck, Herrnhut

Printed in Germany

ISBN 978-1-57658-482-8

Dieses Buch widmen wir unseren Kindern Johannes und Julia,
die über zwei Jahrzehnte mit uns gemeinsam als »Familie im
Dienst« unterwegs waren, sowie ihren Partnern Esther und
Philipp, mit denen gemeinsam sie dieses Abenteuer weiter
entwickeln und den vielen Familien im Dienst, die weltweit
durch ihren Einsatz Gottes Herz erfreuen.

»Ich aber und meine Familie, wir wollen dem Herrn dienen.«
Josua 24,15

Andreas und Angela Frész

Unser besonderer Dank gilt

den Familien in unserer JMEM-Gemeinschaft Hainichen,
die den Testlauf als Kursteilnehmer mitgemacht und
die Entwicklung des Buches durch ihr konstruktives Feedback
maßgeblich beeinflusst haben,

unseren Co-Autoren aus aller Welt, die dieses Buch durch
ihre persönlichen Erfahrungsberichte bereichern

und vor allem Christine Schubert, die als Lektorin
die Entstehung des Buches kompetent begleitet hat.

Vorwort

Lebenslange glückliche Beziehungen, eine starke Familie – wer wünscht sich das nicht? Dieser Traum lebt in jedem von uns, und er kann Realität werden. Es wird jedoch nicht zufällig geschehen. Wertvolles muss gepflanzt, genährt, gepflegt und verteidigt werden. Gottes Design sieht vor, dass Familie das sichere und fördernde Umfeld ist, in dem Kinder heranwachsen, sich gesund entwickeln und Werte finden, auf denen sie ihre Zukunft bauen können.
Weil die Familie die kleinste Zelle der Gesellschaft ist, baut sich eine gesunde Gesellschaft aus intakten Familien auf. Als »Familien im Dienst« sind wir Teil unserer Gesellschaft und haben die Chance und die Aufgabe, mittendrin unsere Ehe zu leben und unsere Kinder zu erziehen.

Doch überall auf der Welt stecken Familien in der Krise, und diese Entwicklung macht leider nicht vor »Familien im Dienst« Halt. Als wir vor 20 Jahren als junge Familie unseren Dienst bei Jugend mit einer Mission (JMEM) antraten, hatten wir die Illusion, das Leben in einer christlichen Gemeinschaft schütze vor familiären Krisen. Heute wissen wir, dass dies nicht der Fall ist. Auch wenn wir im Dienst für das Reich Gottes aktiv sind, fällt es uns nicht in den Schoß, eine starke Familie zu sein. Wir sind nicht immun gegenüber den Schwierigkeiten, mit denen sich Familien in unserer Zeit auseinandersetzen müssen; und unser »etwas anderer« Lebensstil bringt noch einige besondere Herausforderungen mit sich. Wer offensiv das Reich Gottes vorantreibt, steht an der geistlichen Frontlinie. Dabei geht es nicht nur darum zu verteidigen was wir haben, sondern auch darum, ein prägender Faktor für unsere Umgebung zu sein.

Die Frage stellt sich: Was wollen wir erreichen? Wie müssen wir unseren Alltag heute gestalten, damit unser Traum Realität wird? Was sollen unsere Kinder erfahren und lernen? Und welchen Einsatz kostet es? Auch für unsere Ehen und Familien gilt das Prinzip von Saat und Ernte.

Über die Jahre hatten wir häufig Gelegenheit »Familien im Dienst« zu fragen, was sie als Segen und was sie als Herausforderung erleben und erlebt haben. Die Auseinandersetzung mit ihren Antworten – unter Berücksichtigung der Langzeitstudie von Dr. Stinnet »Eigenschaften einer starken Familie«, führte zunächst zu einem Kurs für Familien in unserer JMEM-Gemeinschaft. Alle Teilnehmer profitierten vom Austausch mit anderen Familien über die Chancen und Schwierigkeiten, mit denen wir uns als »Familien im Dienst« auseinandersetzen müssen. Freunde aus Gemeinden und anderen Werken baten uns, diese Erfahrungen auch ihnen zugänglich zu machen. Das vorliegende Buch für engagierte

Familien ist das Ergebnis. Darüber hinaus kann es als Handbuch für einen Kurs benutzt werden und den fruchtbaren Austausch mit anderen Familien inspirieren und strukturieren.

In acht Einheiten werden die Themen angesprochen, die wir in zwei Jahrzehnten als »Familie im Dienst« innerhalb einer christlichen Gemeinschaft als Brennpunkte erlebt haben. Neben den thematischen Impulsen und den Anregungen zum Ehe-Gespräch gibt es Hinweise zur Vertiefung und Tipps zur praktischen Anwendung zuhause. Wird das Material in einem Kurs verwendet, kommen die Anleitungen zum Austausch in der Gruppe besonders zum Tragen.

Zwischen den Einheiten sind viele Erfahrungsberichte eingefügt. Mütter, Väter und inzwischen erwachsene Kinder aus aller Welt, die »Familie im Dienst« leben und gelebt haben, erzählen, was sie als bereichernd und was sie als schwierig erfahren haben, wofür sie dankbar sind und was sie heute anders machen würden, wenn sie diese Phase noch einmal durchleben würden.

Wir wünschen uns, dass dieses Buch Familien hilft, starke »Familien im Dienst« zu sein. Es soll Mut machen, Familie zu leben und Familie zu genießen und einer Welt, die Orientierung braucht, Zeichen der Hoffnung zu sein.

Hainichen, im August 2008   **Angela und Andreas Frész**

Kontakt-Information

Angela und Andreas Frész
JMEM-Familiendienste Europa
Berthelsdorfer Straße 7
D-09661 Hainichen
E-Mail: azf@jmem-hc.de
Internet: www.jmem-familiendienst.de

Tipps zur Vorbereitung und Durchführung des Kurses

- Acht Termine festlegen. Ein wöchentlicher Rhythmus hat sich als günstig erwiesen, weil dann die Themen durch Gespräche und Umsetzung zuhause vertieft werden können.
- Die Familien informieren und einladen. Es kann eine beliebige Zahl von Paaren und Alleinerziehenden teilnehmen.
- Für jeden Teilnehmer ein Exemplar dieses Buches besorgen.
- Für eine Einheit 2 – 3 Stunden Zeit einplanen.
- Bei den Treffen für eine entspannte Atmosphäre sorgen – am besten mit Snacks und Getränken.
- Zu Beginn eines Treffens das jeweilige Thema nennen. Den Impuls vorlesen oder vortragen.
- Die im Text eingefügten Arbeitsblätter können je nach Zeitrahmen entweder in der jeweiligen Einheit oder zuhause bearbeitet und besprochen werden. Bei Partnergesprächen können Alleinerziehende einander Gesprächspartner sein.
- Zu jeder Einheit gehört der Austausch in der Gruppe. Bei mehr als zehn Teilnehmern empfehlen wir, die Gesprächsgruppe zu teilen.
- Beim Austausch in der Gruppe darauf achten, dass jeder zu Wort kommt und keiner mit seiner Meinung dominiert.
- Je nach Bedarf Gebet miteinander oder füreinander in die jeweilige Einheit einbauen.
- Am Ende jeder Einheit findet sich eine Empfehlung, wie diese Einheit mit der Gruppe abgeschlossen werden kann.
- Darüber hinaus gibt es Tipps für eine Aktion mit der Familie, die zuhause umgesetzt werden kann.
- Hinweise auf Literatur bzw. Seminare zur Vertiefung finden sich am Ende der jeweiligen Einheit.

Zeichenerklärung

 Lehreinheit

 Arbeitsblatt

 Anregung zum Partner- / Elterngespräch

 Anregung für die Gesprächsrunde

 Aktion für die Familie

 Zur Vertiefung

 Abschluss

Die Scheidungswelle in den 80ern führte zu mehreren großen Studien in den USA zum Thema »Was macht eine starke Familie aus?« Eine dieser säkularen Studien wurde von Dr. Nick Stinnet geleitet. Über einen Zeitraum von 25 Jahren nahmen 18000 Familien aus 27 Nationen daran teil. Sie kamen aus verschiedenen Gesellschaftsschichten und unterschieden sich durch Bildungsstand, Religion und Hautfarbe. Als Ergebnis dieser umfassenden Langzeit-Studie wurden sechs Eigenschaften definiert, die eine starke Familie ausmachen. Alle sechs stimmen mit biblischen Prinzipien überein:

1. Starke Familien halten zusammen.
2. Starke Familien verbringen bewusst Zeit miteinander.
3. Starke Familien kommunizieren gut und effektiv.
4. Starke Familien drücken einander Wertschätzung aus.
5. Starke Familien leben mit Gott.
6. Starke Familien können Konflikte lösen und Krisen bewältigen.

»Wir alle leben in Familien. Wie wir in unserer Familie leben, macht unser wichtigstes Zeugnis aus. Wir können in unserer Stadt oder in anderen Volksgruppen nichts Größeres erreichen, als wir im Mikrokosmos unserer eigenen Familie leben. Wir reproduzieren wer wir selbst sind. Und wer wir sind ist am deutlichsten zuhause sichtbar, weil man uns dort im Alltag kennt. Dies ist keine Falle; Gott hat es so geplant. Unsere engen Beziehungen zeigen uns den Spiegel. Hier wird deutlich, wie stark wir Seine Herrlichkeit reflektieren. In unserer Familie erkennen wir was Gott noch in unserem Leben tun möchte, um uns liebesfähiger und ihm ähnlicher zu machen. Dies ist ein lebenslanger Wachstumsprozess. Jede Lebensphase gibt uns Gelegenheit, uns in neuen Bereichen zu entwickeln. Er ist da und hilft uns. Ehe, Kinder, Pubertät, Leeres Nest, Mittleres Lebensalter, Enkel, Alter, Krankheit – jede Phase bietet die Gelegenheit miteinander in der Familie zu wachsen. Man nennt dies »das Leben« und mit Christus nennt man es »überfließendes Leben« – im Alltag ihm Stück für Stück ähnlicher werden. Familie ist der heilige Bund, der dazu dient, in uns allen das Bild Gottes hervorzubringen. Wenn wir darin wachsen, werden wir mehr von Jesus in all das hineintragen, was wir tun und sein Wesen wird vervielfältigt.«

Landa Cope, in Old Testament Template, Seite 113

Inhaltsverzeichnis

Familie – Gottes Erfolgsmodell

Ehe und Familie sind ein grundlegender Baustein eines Volkes und des Reiches Gottes. Der Mensch wird zuerst und wesentlich durch seine Familie beeinflusst. Achtzig Prozent seines Wissens lernt er vor dem Schuleintritt. In den ersten vier Lebensjahren wird sein Weltbild maßgeblich geprägt. Weil die Familie einen solch enormen Einfluss hat, ist es wichtig zu verstehen, wie Gott sich Familie gedacht hat.

In unseren westlichen Gesellschaften fehlt weithin eine klare Definition von Ehe und Familie. Zur Orientierung wenden wir uns an den Erfinder von Ehe und Familie – an Gott selbst. In der Bibel wird das Thema Ehe und Familie mehr als tausendmal erwähnt. Der Ursprung der ersten und grundlegenden sozialen Einheit wird darin folgendermaßen beschrieben:

So schuf Gott den Menschen als sein Ebenbild, als Mann und Frau schuf er sie. Er segnete sie und sprach: »Vermehrt euch, bevölkert die Erde, und nehmt sie in Besitz!« 1. Mose 1,27–28.

Alles begann mit Gott. Er schuf die Menschen nach seinem Ebenbild als Mann und Frau. Gemeinsam reflektieren sie das Bild Gottes. Gemeinsam sollen sie die Erde in Besitz nehmen und darüber regieren. Gemeinsam bekamen sie das Privileg und die Verantwortung, menschliches Leben weiterzugeben und zu vermehren. Ehe bekam vom Schöpfer einen zentralen Platz zugewiesen.

Ehe – etwas Neues entsteht

»Deshalb verlässt ein Mann Vater und Mutter, um mit seiner Frau zu leben. Die zwei sind dann eins, mit Leib und Seele." 1. Mose 2, 24.
Jesus bestätigt die göttliche Schöpfungsordnung, indem er als Antwort auf eine Frage zur Ehescheidung diese Stelle zitiert *(in Matth. 19, 4 – 5).*

Wenn zwei Menschen heiraten, beginnt etwas Neues. Wir fangen jedoch nicht bei Null an, sondern bringen schon einiges an »Lebensgepäck« mit. Kinder lernen am Vorbild ihrer Eltern. So wird die Ehe der Eltern zum Modell für unsere eigene. Der junge Mann gewinnt seine Vorstellung vom Mann- und Vatersein durch seinen Vater. Im Leben einer Frau ist ihr Vater »der erste Mann«. Das Verständnis der Tochter vom Frausein wird von ihrer Mutter geprägt. Für den Sohn ist seine Mutter »die erste Frau«. So formt sich im Inneren des Kindes das Bild »so ist ein Mann«, bzw. »so ist eine Frau« und »so funktioniert Ehe«, »so geht man miteinander um«.

Auch wenn wir uns dessen meist nicht bewusst sind, das elterliche Modell beeinflusst sehr stark wie wir unsere Beziehungen gestalten. Die Werte, an denen wir uns dabei orientieren, haben wir von frühester Jugend an zuhause mitbekommen. Möglicherweise haben wir unsere Werte in der Ablehnung dieses Modells definiert, was dann häufig übermäßig starke Überzeugungen zur Folge hat. Sind die Prägungen der Ehepartner ähnlich, stabilisieren sie die Partnerschaft, machen das Zusammenleben einfach und unkompliziert. Unterschiede geben die Würze und die Ergänzung, werden aber häufig zu Spannungspunkten. Es lohnt sich, in Erinnerungen aus der Kindheit zu stöbern und dem Ehepartner davon zu erzählen.

Zum Beispiel, wie war die Wohnsituation in meiner Herkunftsfamilie? Bin ich in einer engen Wohnung im Mietshaus mit mehreren Parteien aufgewachsen oder im eigenen Haus? Welchen Stellenwert hatte Geld? Was war notwendig, was war Luxus? Wie stand es um die Esskultur bei uns zuhause? Waren Tischmanieren wichtig?

Bei Angelas Familie waren sie es! Aufrecht sitzen, mit Messer und Gabel essen, nicht schmatzen und vor allem niemals das Messer ablecken! Natürlich wurde der Tisch immer schön gedeckt, mit Tischdecke, gutem Geschirr und Servietten. Ganz anders bei Andreas` Familie. Tischdecken gab es nicht. Zum Abendbrot wurden die Lebensmittel auf den Tisch gelegt. Um Geschirr zu sparen, bekam jeder nur ein Messer. Das genügte.

Nun waren wir gerade in unsere erste Wohnung eingezogen und Andreas hatte »den Tisch gedeckt«. Aber in Angelas Augen fehlte noch eine ganze Menge. »Andreas, der Tisch ist ja noch gar nicht gedeckt.« – »Natürlich ist der Tisch gedeckt!« – »Nein, ist er nicht!« – »Doch, ist er!« ... Konflikt!

In einer gelungenen Ehe haben die Partner die Kunst entwickelt, ihre Unterschiede zur Ergänzung zu nutzen. Wenn wir unsere Familien-Prägungen miteinander vergleichen, erkennen wir Ge-

Das elterliche Vorbild beeinflusst wie wir Beziehungen gestalten.

meinsamkeiten, die uns verbinden, aber auch Unterschiede, die wie Sprengstoff im Zusammenleben wirken können. Je größer die Unterschiede sind, desto vielfältiger und schwerwiegender sind die Konfrontationspunkte (z. B. bei unterschiedlicher Nationalität und Muttersprache). Der Prozess des Kennenlernens, Bewertens und Neudefinierens kann schwierig und langwierig sein. Je schwieriger er ist, desto wichtiger, ja sogar überlebensnotwenig ist er. Dabei hat die effektive Kommunikation eine Schlüsselrolle. Zunächst einmal geht es nicht darum, eine bestimmte Prägung als richtig oder falsch zu bewerten, sondern darum, sie zu erkennen, zu benennen und sie dem Partner zu erklären. Erst wenn beide Partner die mitgebrachten Vorstellungen beider verstehen, können sie den nächsten Schritt in Angriff nehmen.

Unterschiedliche Prägungen erfordern effektive Kommunikation

In 1. Thessalonicher 5,21 wird uns nahe gelegt: *»Prüft alles, und das Gute behaltet.«*
Dies gilt auch für die Prägungen, die wir mitbekommen haben. Das Elternhaus prägt intensiv, aber wir können uns auch anders orientieren. Wenn wir nach Prüfung zum Schluss kommen, dass wir in einem bestimmten Bereich nach anderen Standards leben wollen, können wir uns von alten Prägungen verabschieden und gemeinsam etwas Neues einführen.
Wir haben zum Beispiel in punkto Esskultur einen Kompromiss gefunden. Wir haben einen schönen Holztisch, benutzen keine Tischdecke, aber reichlich Geschirr.
Eine konfliktreiche Ehe kann zu einem harmonischen Meisterwerk werden, wenn sich das Paar geduldig der Aufgabe stellt, sorgfältig den Zündstoff zu entschärfen. Dann kann es die Unterschiede als bereichernde Ergänzung erfahren und nutzen.

Ehe – ein unauflöslicher Bund

Vielleicht müssen wir uns von Bildern und Idealen verabschieden, die Hollywood uns vermittelt hat. Ehe ist weder meine Rettung vom Single-Dasein (»ohne ihn, bzw. sie kann ich nicht leben«), noch die Erfüllung meines sonst »sinn-losen« Lebens.
In Matthäus 19, 4–5 bezieht sich Jesus auf den Schöpfungsbericht und bestätigt, dass Gott von Anfang an eine dauerhafte verbindliche Beziehung gemeint hat. Ein Mann verlässt seine Eltern,

verbindet sich mit seiner Frau und gemeinsam leben sie fortan als eine neue Familie für Gott.

Der Ehebund wird in der Hochzeitsnacht durch den sexuellen Akt vollzogen und ein Leben lang mit liebevollen sexuellen Begegnungen gefeiert. Dieser Bund endet erst mit dem Tod einer der beiden Partner.

Die Ehe ist eine von Gott gegebene Institution, in der zwei eigenständige Personen ein neues soziales System formen. Je mehr gegenseitige Hingabe gelebt wird, desto stabiler ist dieses System. Dabei ist die Hingabe an Gott Gradmesser und Motor für die Hingabe an den Partner. Das Fundament der Ehe ist nicht die Liebe, sondern der Ehebund. An einem Bund ist auch Gott beteiligt. Ein Bund ist kein Vertrag. Das Wesen eines Vertrages ist Misstrauen; das Wesen eines Bundes Vertrauen und Hingabe. Ein Vertrag kann in beiderseitigem Einverständnis gelöst werden, wenn sich wesentliche Umstände ändern, ein Bund nicht.

Das Wesen eines Bundes ist Vertrauen und Hingabe.

Ehe ist die engste Form von Gemeinschaft. Sie findet rund um die Uhr statt und zwingt uns, unserem Egoismus ins Gesicht zu sehen und zu erkennen, wer und wie wir wirklich sind. Sie kann wie eine Charakterschmiede wirken und uns helfen, im Gehorsam und in der Liebe und Hingabe zu Gott zu wachsen.

Es ist entscheidend wichtig zu wissen, wozu wir verheiratet sind und weshalb wir zusammen bleiben wollen. Allein aus menschlicher Perspektive betrachtet, lohnt sich Ehe nur so lange, wie unsere Wünsche, Bedürfnisse und Erwartungen erfüllt werden. Aber die Ehe hat eine Dimension, die über die menschliche hinausreicht. Sie repräsentiert Gott. Die Ehe ist mehr als nur ein Mittel, einander das Leben angenehm zu gestalten. Sie ist das Symbol dafür, dass Gott sich eine heilige Beziehung zu seinem Volk wünscht und diese Beziehung ermöglicht. Eine gelungene Ehe zeigt einer gefallenen Welt den Schöpfer, der ihr die Versöhnung anbietet.

Ehe – Gottes Prototyp für Teamarbeit

Gott beteiligt uns an seiner Schöpfung. Gemeinsam mit ihm dürfen wir eine neue Generation hervorbringen und das Leben gestalten. »Die Erde bebauen und bewahren« schließt alle Lebensbereiche (Familie, Beruf, Gesellschaft) ein. Aber kein Mensch kann diese Aufgabe alleine erfüllen. Es war Absicht, dass Gott sie einem (Ehe-)Team anvertraut hat.

Teamarbeit bedeutet, eine gemeinsame Vision zu verfolgen. Sie erfordert die Fähigkeit, individuelle Anstrengungen auf ein größeres Ziel auszurichten. Teamarbeit ermöglicht, dass gewöhnliche Menschen außergewöhnliche Resultate erreichen.

Das Prinzip der ergänzenden Zusammenarbeit zieht sich durch die Bibel, z.B. in 1. Kor. 12,4 *»So verschieden die Gaben auch sind, die Gott uns gibt, sie stammen alle von ein und demselben Geist«.*

Als Ehepaar-Team können wir wunderbare Ergebnisse erzielen – vorausgesetzt, wir sind bereit, einander zu fördern und zu unterstützen. Stärken, Begabungen und Fähigkeiten sind Geschenke, die Gott jedem individuell gibt und die wir trainieren sollen. Um Stärken erproben und einsetzen zu können, müssen wir sie kennen lernen. Welche Begabungen hat jeder von uns beiden? Wie wirkt Gott durch dich, bzw. durch mich? Welche Aufgaben liegen dir besser? Was geht mir leichter von der Hand? Wie können wir unsere Ressourcen effektiv einsetzen? Und wie können wir uns als Ehepaar gegenseitig ergänzen?

Es lohnt sich, unsere Aufgabenfelder einmal unter dieser Fragestellung zu betrachten – Haushalt, Organisation, Beziehungen, Kommunikation, Technik, Verwaltung der Finanzen, Hausaufgaben-Betreuung und so weiter.

Als Ehepaar-Team können wir wunderbare Ergebnisse erzielen.

Anregung zum Partnergespräch

Nenne drei Begabungen, die du mitbringst und drei Begabungen, die dein Partner mitbringt. Tauscht euch darüber aus wie ihr euch ergänzt. In welchen Bereichen entdeckt Ihr Möglichkeiten, in Ergänzung eure Stärken optimaler einzusetzen und dadurch noch bessere Ergebnisse zu erzielen?

Phasen berücksichtigen

Als Ehepaar-Team gehen wir durch verschiedene Phasen, die ihre jeweils eigene Dynamik haben. Je nachdem in welcher Phase wir uns befinden, wie viele Kinder in welchen Altersstufen wir haben und wie leistungsfähig wir sind, haben wir mehr oder weniger Kapazität und Freiraum für Dienst nach außen.

Ein Ehepaar ohne Kinder ist in der Regel flexibler und kann sich stärker nach außen engagieren als eine Familie mit Kindern. Sind die Kinder noch klein, gilt es andere Bedürfnisse zu berücksichtigen als mit Schulkindern oder Teenagern, oder mit erwachsenen Kindern, die das Elternhaus verlassen haben. Jede Phase hat eine Sonnen- und eine Schattenseite. In jeder Phase gilt es, entsprechende Schwerpunkte zu setzen. Der Übergang von einer Phase in die nächste ist vor allem für die Mütter häufig emotional nicht ganz einfach. Das erste Baby, das beinahe rund um die Uhr seine Mama braucht, löst manchmal eine Identitätskrise aus: »Wer bin ich ohne meinen bisherigen Dienst?« Der Eintritt der Kleinen in Kindergarten und Schule erfordert »Loslassen« und ermöglicht gleichzeitig eine Neuorientierung: »Wie nutze ich die Freiräume, wenn meine Kinder in der Schule sind?« Und wenn aus netten und pflegeleichten Schulkindern stachlige Teenager werden, sind wir herausgefordert, sie durch diese schwierige Phase hindurch zu lieben, z.B. indem wir verfügbar sind zum Gespräch, wenn sie das Bedürfnis dazu haben, und indem wir uns mit ihnen auseinander setzen (heiße Diskussionen, schlaflose Nachtstunden...). Wir brauchen die innere Größe, ihre verbalen Provokationen nicht persönlich zu nehmen, sondern für sie zu beten und ihnen zu zeigen, dass wir ihnen etwas zutrauen und überzeugt sind, dass sie das Leben meistern werden. Wenn die Kinder schließlich das Elternhaus verlassen, müssen wir sie endgültig loslassen, uns von den Familienjahren verabschieden und uns wieder auf ein »Leben zu zweit« einstellen. Dann lautet die Frage vielleicht »Wer bin ich ohne meine Kinder?« In der darauf folgenden Lebensphase erleben wir wie unsere Familie wieder größer wird. Nun kommen Schwiegerkinder und Enkel dazu. Vielleicht brauchen in dieser Lebensphase unsere Eltern – die Generation vor uns – mehr Fürsorge und Pflege. Familienleben ist dynamisch und nichts ist so sicher wie Veränderung. Wir können keine Phase überspringen – aber jede verpas-

Wir können keine Phase überspringen – aber jede verpassen!

sen! Oder wir können in jeder Veränderung eine Chance sehen, die jeweiligen Herausforderungen bewusst annehmen und gemeinsam unsere Aufgaben so anpacken, dass wir entsprechend unserer Berufung das Beste daraus machen. Gott ist ein Gott der Generationen (Joel 1, 3) Die Geschichte beginnt und endet nicht mit unserer Familie. Wir sind vielmehr ein Bindeglied zwischen den Generationen vor uns und den Generationen nach uns.

Deine – meine – unsere Vision

Auch wenn wir eine gemeinsame Vision haben, gilt es dennoch kreativ auf die jeweilige Situation in Ehe, Familie und Dienst einzugehen. Sind die Visionen unterschiedlich, muss ein Weg gefunden werden, wie der unterschiedliche Auftrag und das Familienleben in einer guten Weise gemeinsam gelebt werden kann.

Arbeitsblatt: Phasen

Anregung für die Gesprächsrunde

Wir empfehlen, fünf Minuten zur persönlichen Vorbereitung zu nehmen. Der Austausch wird dadurch effektiver (besonders wichtig für Introvertierte). Für das anschließende Gespräch in der Gruppe etwa 20 Minuten einplanen.

- **In welcher Phase befindet ihr euch als Ehepaar bzw. Familie?** Ehepaar ohne Kinder – Familie mit Kleinkindern – Familie mit Schulkindern (6–12 Jahre) – Familie mit Teenagern – Familie mit erwachsenen Kindern, die das Haus verlassen haben.

- **Welche Bedürfnisse habt ihr als Ehepaar bzw. Familie in der jetzigen Phase?** Denkt an Zeit zu zweit als Ehepaar, an Zeit mit euren Kindern (Spiel, Unternehmungen, Gespräche), an persönliche Freiräume zur Stille vor Gott und zur Erholung.

- **Welche Einschränkungen erlebt ihr in der jetzigen Phase?** Denkt an Still- und Kleinkinder, die vor allem Mama ständig beanspruchen; an Schule, die eure Flexibilität als Familie einschränkt; an eure körperliche Verfassung (ein älterer Mensch braucht z.B. längere Erholungszeiten) usw.

- **Welche Vorteile hat eure jetzige Phase?** Denkt an das Vorrecht Kinder zu haben; an Kontakte, die sich durch eure Kinder zu anderen Familien (Kindergarten, Schule) ergeben; an neue Freiräume als Ehepaar mit erwachsenen Kindern.

Einige Beispiele:

**Andreas und Angela –
eine gemeinsame Vision und gemeinsame Aufgaben**

»Wir hatten von Anfang an eine gemeinsame Vision: Familiendienst! Als unsere Kinder klein waren, arbeitete ich (Angela) nur bei Seminaren mit und war ansonsten vorwiegend mit unseren Kinder und dem Haushalt beschäftigt, während Andreas die Büroarbeit, Organisation etc. erledigte. 1993 zogen wir als Familie mit einem Team nach Ostdeutschland, um dort ein neues Jugend-mit-einer-Mission-Zentrum aufzubauen. Damals waren unsere beiden Kinder 7 und 9 Jahre alt. Jetzt wurden wir beide mit unseren unterschiedlichen Gaben benötigt. In dieser Zeit lernten wir, einander »den Stab zu übergeben«. Das bedeutete z.B., dass einer von uns für die Kinder da war, wenn sie nachmittags aus der Schule kamen und dass die Hausarbeit zwischen uns aufgeteilt wurde. Wir unterstützten uns gegenseitig, damit jeder seine Stärken für den Dienst einsetzen konnte.«

**Martin und Ruth –
unterschiedliche Visionen und unterschiedliche Aufgaben**

»Als wir heirateten, war uns klar, dass wir beide einen Ruf für Kinder-Jugendarbeit haben. Zunächst engagierten wir uns beide in der Jugendarbeit. Als die Kinder kamen, zog ich (Ruth) mich teilweise aus diesem Dienst zurück. In der Kleinkinderphase entdeckte ich neu meine Berufung für Kindergartenkinder und Familien. Ich startete ein eigenes Projekt und baute einen Kindergarten auf. Das war nur möglich, weil Martin bereit ist, seine Projekte teilweise zurückzustellen. Die Familie soll nicht zu kurz kommen. Wenn ich im Kindergarten bin, ist Martin bei den Kindern. Der Haushalt ist unsere gemeinsame Sache. Wir haben unterschiedliche Schwerpunkte – verfolgen unterschiedliche Visionen im Rahmen von Jugend mit einer Mission. Unsere Familie ist Teil unseres gemeinsamen Dienstes.«

**Joachim und Silke –
eine gemeinsame Vision und unterschiedliche Aufgaben**

»Wir leiten das Jugend mit einer Mission Zentrum in Hainichen. Da wir eine große Familie sind (mit sechs Kindern), haben wir uns für eine Gewichtung entschieden, die unserer Situation entspricht. Silke kümmert sich überwiegend um Familie und Haushalt. Darüber hinaus bringt sie sich als »Mutter« und »Freundin« in die Gemeinschaft ein, was von unschätzbarem Wert ist. Zum Beispiel sind die täglichen Kaffeepausen für Silke ein wichtiger Termin. Unser Jüngster ist immer dabei und genießt die Aufmerksamkeit seiner »großen Freunde«. Silke pflegt den Kontakt zu Mitarbeitern, Studenten und Gästen und nimmt Anteil an dem was sie bewegt. Dadurch wird sie für mich (Joachim) zu meiner wichtigsten Beraterin. Wir tragen beide den Dienst des Partners mit – Silkes liegt schwerpunktmäßig bei den Kindern, meiner bei den Angelegenheiten des Zentrums.

Jedes dieser drei Paare hat einen individuellen Weg gewählt, den Dienst nach außen und die Familie unter einen Hut zu bekommen. Was sie aber gemeinsam haben, ist ihr Ruf als Familie zu Jugend mit einer Mission. Und das ist wesentlich. Denn eine Mitarbeit in einer missionarischen Gemeinschaft ist kein Job zwischen 8.00 und 17.00 Uhr. Wir sind als Familie im Dienst, und wir sind Teil einer Gemeinschaft. Beruf und Privates lassen sich nicht so einfach trennen. In verschiedenen Lebens- und Familienphasen können sich Visionen und Aufgaben verändern. Wenn wir mit Flexibilität und Kreativität an die Verteilung der Aufgaben gehen, lassen sich meist Lösungen finden, die sowohl gute Arbeitsergebnisse gewährleisten, als auch die Weiterentwicklung der Visionen und Begabungen beider Ehepartner ermöglichen. Auf diese Weise wird keiner der Partner langfristig frustriert sein, selbst wenn manchmal Träume zurückgestellt werden müssen.

Das braucht ein starkes Ehe-Team

- Definition von Visionen und Zielen
- Bereitschaft zur gegenseitigen Ergänzung
- Effektive Kommunikation
- Opferbereitschaft und Flexibilität
- Gemeinsames Gebet
- Echtes Interesse am Wohl und
  an der persönlichen Weiterentwicklung des Partners

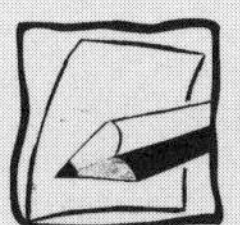

Arbeitsblatt: Wir sind ein starkes Team

Checkliste zur Einschätzung unseres Ehe-Teams. Jeder Partner markiert seine persönliche Einschätzung. Danach tauschen die Partner miteinander aus.

	1	2	3	4	5	6	7	8	9	10
Wir haben unsere Visionen und Ziele definiert										
Wir ergänzen einander mit unseren unterschiedlichen Begabungen und Fähigkeiten.										
Wir sind flexibel und bereit Opfer zu bringen.										
Wir kommunizieren gut und fördern einander.										
Wir pflegen unsere Ehe.										
Wir beten miteinander.										

(Wenn ihr mit eurer Einschätzung weit auseinander liegt, oder eure Bewertung sehr niedrig ausfällt, lohnt es sich, wenn ihr euch mit dem entsprechenden Thema gründlich auseinander setzt. Ihr könnt damit die Effektivität eures Teams erhöhen.)

Wir empfehlen, anschließend in der Gruppe darüber zu sprechen.

Umfrage ergibt:
Eine stabile Familie – Erfolgsfaktor für Dienst

2007 führten wir eine Umfrage über das Ehe- und Familienleben von Missionaren durch. Mehr als 3300 Mitarbeiter von 17 verschiedenen Missionsgesellschaften nahmen daran teil. Soweit uns bekannt, gab es nie eine umfassendere Studie, und es ist die erste direkte Studie (d.h. die Informationen kommen aus erster Hand), die sich jemals diesem Thema gewidmet hat. Die vertrauliche Durchführung der Befragung, die Teilnehmerquote von 47 Prozent und die bemerkenswert ähnlichen Antworten von Ehemännern und Ehefrauen weisen auf zuverlässige Ergebnisse hin.

Im Bericht wird deutlich: Ehen und Familien von Missionaren sind viel stabiler als erwartet. Trotzdem wünschen sich vor allem junge Missionare eine stärkere Unterstützung durch ihre Missionsgesellschaft. Bedarf wird vor allem für zwei Bereiche angemeldet: Erstens, eine Vorbereitung auf den Stress, der mit dem Leben in einer anderen Kultur verbunden ist und zweitens eine Vorbereitung auf die sich verändernden Lebensphasen, z.B. wenn Kinder dazu kommen.

Ein weiteres wichtiges Ergebnis der Studie: Missionare schätzen eine starke Ehe und Familie als den wesentlichen Faktor für die Effektivität ihrer Arbeit ein. Sie bewerten ihn höher als Sprachkenntnisse, kulturelle Anpassung und die Entwicklung der Leitungsstruktur des Dienstes im Land. Anders ausgedrückt, Ehe und Familie ist nicht etwa eine Bedrohung für einen effektiven Missionsdienst, sondern im Gegenteil ein Schlüssel dazu.

Chuck Eckerson, FamilyLife

aus »Missionary Marriage and Family Survey«, mit Genehmigung. Copyright © 2008 FamilyLife. Alle Rechte vorbehalten. (www.FamilyLife.com)

Empfehlung für den Abschluss dieser Einheit

Gebetsrunde mit Schwerpunkt »Dank für Gottes Erfolgsmodell« – für das Geschenk, das Gott uns mit unserer Familie macht; für unsere Möglichkeiten, für unseren Auftrag. Dank für das, was wir schon erreicht haben und für das Potenzial, das wir noch entwickeln können.

Aktion für die Familie »Unsere Herkunftsfamilien«

Eltern, erzählt euren Kindern aus euren Herkunftsfamilien. Berichtet von Begebenheiten, die deren Unterschiedlichkeit deutlich machen und sprecht darüber, wie ihr als »neues Familiensystem« die entsprechenden Situationen handhaben möchtet.

Beispiel:

»So feierten wir (Familie des Mannes) Weihnachten: ...«
»So feierten wir (Familie der Frau) Weihnachten: ...«
»So wollen wir als Familie Weihnachten feiern: ...«

Zur Vertiefung

Thomas Schirrmacher: »Der Segen von Ehe und Familie«, VKV idea Dokumentation
Dr. Christel Vonholdt: »Ehe, Ikone Gottes«, www.ojc.de, Salzkorn 5/2006
Gary L. Thomas: »Der Heilige Hafen – Wie uns die Ehe näher zu Gott bringt«, Edition AufAtmen
Nicky und Sila Lee: »Das Ehe-Buch – Schritt für Schritt zu einer erfüllten Partnerschaft«, Projektion J
Volker und Felicitas Lehnert: »Ehe und Elternhaus – mit familiären Prägungen umgehen lernen«, Aussaat-Verlag
Dr. Ute Horn: »Ich will dir treu sein – Partnerschaft, die ein Leben lang hält«, Gerth Medien
Clifford und Joyce Penner: »Glücklich intim – Erfüllte Sexualität mit meiner Frau«, Hänssler Verlag
Kevin Leman: »Licht an, Socken aus. Ein erfülltes Sexleben als Basis einer guten Ehe«, Hänssler Verlag

Beate Kiwinda –
Wenn zwei Kulturen heiraten

Überraschung
»Liebe Eltern, wie geht es euch? Eigentlich wollte ich euch schreiben, dass ich für einige Jahre nachhause komme, doch nun werde ich nur kommen, um mich zu verabschieden. Ich werde in Afrika heiraten ...« So begann die weltlängste E-Mail, die ich meinen Eltern schickte. Die Antwort ließ nicht lange auf sich warten: »Das werden wir niemals akzeptieren! Vielleicht werden wir eines Tages deine Entscheidung respektieren, aber wir werden dich niemals darin unterstützen. Alle Welt kommt nach Deutschland, weil es den Leuten hier besser geht, und du entscheidest dich für ein Leben in Afrika, wo täglich Menschen an Malaria sterben. Du opferst dein Leben ohne etwas dafür zu bekommen: keine Krankenversicherung, keine Rentenversicherung, kein Gehalt ... Und dein Mann macht es genauso ...!«

Das war der Anfang meiner Ehe. Ich hatte Jeremiah in der Mission kennengelernt. Er war damals verheiratet und hatte drei Kinder. Ich bewunderte ihn als Lehrer und Prediger, aber sonst war er für mich lediglich ein Mitarbeiter. Als seine Frau sehr krank wurde, war ich oft bei ihr, denn ich bin Krankenschwester, und sie brauchte Hilfe. Nach ihrem Tod besuchte ich die Familie als Freundin der Familie und lernte sie besser kennen. Nach einigen Jahren machte Jeremiah Andeutungen, die mir signalisierten, dass er mehr in mir sieht. Doch meine Zeit in Kenia schien zu Ende, und ich plante, zuhause in Deutschland Geld zu verdienen, um meinen nächsten Missionseinsatz in einem anderen Land zu finanzieren.

Eine schwere Entscheidung
Es war mir nie in den Sinn gekommen, einen Afrikaner zu heiraten. Ich hatte sechs Jahre in Afrika gelebt, viele Geschichten über afrikanische Männer gehört, die ihre Frauen schlagen und sich nicht um ihre Kinder kümmern. Einen Afrikaner zu heiraten lag mir so fern wie nur irgendetwas. Ich war als unabhängige Frau in einer westlichen Kultur aufgewachsen und gerade mal 36 Jahre jung. Warum sollte ich mich ins Unglück stürzen? Dass ich diese negativen Eigenschaften bei Jeremiah nicht sah, machte da keinen Unterschied. Er war für mich ein afrikanischer Mann mit zweifelhaftem Charakter, dem man besser nicht traut. Nein danke! Als er seine Absichten deutlicher zum Ausdruck brachte, gab ich ihm ohne Zögern den guten Rat, doch eine Missionarin zu heiraten, die ebenfalls in meinem Alter war. Ich war schon halbwegs auf dem Weg nach Deutschland und wollte ihn gut versorgt wissen.

In Afrika ist es nicht üblich offen und direkt zu sprechen. Stattdessen macht man Andeutungen. Als jemand, der von einer sehr direkten Kultur kommt, war das für mich nicht einfach. In diesem Fall war es jedoch genau richtig, denn Jeremiah wollte mich nicht fragen ihn zu heiraten, bevor nicht Gott gesprochen hatte. Und ich bin froh darüber, denn sonst hätte ich wahrscheinlich gedacht: »Typisch Mann – kann nicht mit Freundschaft umgehen und denkt immer gleich an mehr.«

Jedenfalls sprang der Funke über und das Feuer begann zu brennen. Ich konnte es nicht erwarten Jeremiah zu sehen und doch sollte niemand etwas erfahren, solange ich mir nicht sicher war und wir nicht über unsere Beziehung gesprochen hatten. Weil ich weiß, dass Ehe nicht nur »Flitterwochen« bedeutet und ich in schweren Zeiten Gottes Hilfe brauchen werde, wollte ich sicher sein, dass diese Ehe seine Idee ist, sonst wollte ich sie nicht. Ich hatte Angst, einen schweren Fehler zu machen. Eine ganze Woche lang bat ich Gott, mir zu zeigen was dran ist, meine Gefühle zu ordnen und mir etwas zu geben, woran ich mich festhalten kann. Diese Entscheidung würde den Rest meines Lebens bestimmen. Deshalb wollte ich auf keinen Fall aus einem Gefühl heraus entscheiden. Das Gefühl wird irgendwann aufhören, doch Ehe ist eine Verpflichtung, die in guten und schweren Zeiten gilt. Gott erhörte mein Gebet. Jeden Tag bestätigte er den Gedanken, der sich erst so fremd anfühlte, auf eine andere Weise. Es war wunderbar. Ich bekam eine Schriftstelle, einen Traum, Worte von Menschen, die keine Ahnung hatten was mich bewegte. Ich hatte Gott gebeten, die Gefühle wegzunehmen, wenn der Gedanke Jeremiah zu heiraten nicht von ihm kam. Doch er bestätigte ihn jeden Tag stärker.

Jeremiah erklärte meinen Eltern seine Situation in einem Brief und bat meinen Vater um die Erlaubnis mich heiraten zu dürfen. Meine Eltern hatten die Gelegenheit, Jeremiah noch vor unserer Heirat persönlich kennen zu lernen. Seitdem lieben sie ihn. Sie kamen zu unserer Hochzeit nach Afrika und besuchen uns von Zeit zu Zeit. Wir sind jetzt seit acht Jahren verheiratet. Meine Eltern sind unsere wichtigsten Unterstützer geworden.

Mit den Folgen der Entscheidung leben

Wie waren die letzten acht Jahre? Ich vermute, nicht viel anders als bei anderen Paaren: Es geht durch Höhen und Tiefen, und jedes Jahr wird es besser. Der Anfang war nicht einfach. Wir heirateten und zogen in ein anderes afrikanisches Land, um dort ein Missionszentrum zu gründen. Ich war froh, dass wir an einem anderen Ort leben konnten und ich nicht in den Schuhen von Jeremiahs erster Frau gehen musste. Seine Kinder, zu der Zeit 11, 13 und 15 Jahre alt, waren damals im Internat in seinem Heimatland und konnten dort bleiben. Einerseits hatten wir dadurch die Möglichkeit, uns als Ehepartner besser kennen zu lernen. Andererseits dauerte es lange, bis ich zu den Kindern eine gute Beziehung aufbauen konnte, weil wir uns nur in den Ferien sahen. Schon die passende Anrede zu finden *war für sie schwierig. In der afrikanischen Kultur hätte es als respektlos gegolten, wenn mich die Kinder mit meinem Vornamen angesprochen hätten. Und »Mama« war für sie unmöglich, denn das war ich nicht. Eines Tages hatte unser ältester Sohn den Hausschlüssel vergessen. Statt mich zu rufen, warf er so lange Steinchen ans Fenster, bis ich meinen Kopf heraus streckte, mich erkundigte was los war und ihm die Tür öffnete. Es hat zwei Jahre gedauert, bis mich die Kinder direkt ansprechen konnten.*

Als Weiße in Afrika leben

In einer anderen Kultur zu leben bedeutet, dass ich mir wie ein Besucher vorkomme. Ich werde immer die »Muzungu« (weiße Person) bleiben und in der Masse auffallen. Ich habe das Gefühl, immer beobachtet zu werden. Ich bin nicht nur Beate, sondern repräsentiere mein Land und meine Rasse. Falls ich mich daneben benehme, werden die Leute alle Muzungus für schlechte Menschen halten. Obwohl ich schon 14 Jahre in Afrika gelebt habe, bin ich immer noch dabei zu lernen, wie die Menschen denken und warum sie bestimmte Dinge tun. So fühle ich mich manchmal einsam, besonders wenn mein Mann unterwegs ist. In ihm habe ich meinen besten Freund gefunden. Er hat meine eigene Kultur mehrmals besucht und versteht mich.

Mischehe in einer fremden Kultur

Da ich weder wusste, wie die Ehe mit einem afrikanischen Mann sein würde, noch wie man als Familie in Afrika lebt, hatte ich keine besonderen Erwartungen und war für alles offen. Ich sagte »Ja« und dieses Ja gilt »in guten und schweren Zeiten«.
Unser kultureller Hintergrund ist sehr unterschiedlich. Am deutlichsten wird dies, wenn Feste anstehen, wie z.B. Weihnachten oder Geburtstage. In meiner Heimat verbringen wir viel Zeit mit den Vorbereitungen. Wir dekorieren alles und feiern dann im großen Stil. Hier sind diese Dinge völlig unwichtig, weil die Mehrheit der Bevölkerung für solchen Luxus kein Geld hat. Wie gut, dass wir in einem internationalen Missionszentrum leben. Hier kann ich die eine oder andere Tradition von zuhause einführen.
Oder zum Beispiel Kunst. Ich liebe Gemälde von Monet, Degas, Renoir etc., klassische Musik, Oper und Konzerte und historische Gebäude. Alle diese Dinge kennt man hier nicht, und auch mit meinem Mann kann ich nicht darüber reden, weil er damit nie in Berührung kam. Er hört mir zwar zu, wird aber nie in der Lage sein, dieselbe Leidenschaft wie ich dafür zu empfinden. Das ist traurig, aber eine Tatsache, mit der ich leben muss. Wenn Jeremiah abends unterwegs ist, genieße ich meine Bücher und klassische Musik.

Ich bin froh, dass mein Mann nicht sehr traditionell denkt. Seine Erziehung orientierte sich an ähnlichen moralischen Überzeugungen und Werten wie meine, und er hat viele Jahre in einem Missionszentrum gelebt. Ich fände es schwierig, mit einem »Macho« leben zu müssen. Es ist interessant, dass ausgerechnet im Stamm meines Mannes die Ehemänner ihre

Frauen nicht schlagen »dürfen«. Gott hat Humor! Die eine Sache, über die ich mir wirklich Sorgen machte, ist nicht mal ein Thema.

Seit wir zusammen eine Tochter haben, spüre ich in der Kindererziehung das durch kulturelle Unterschiede bedingte Konfliktpotenzial. Ich bin froh, dass wir auf diesem Gebiet meist einer Meinung sind.
Der Umgang mit Geld ist auch häufig ein Konfliktherd in Ehen, den wir zum Glück nicht haben. Was wir besitzen, gehört uns gemeinsam. Darüber hinaus haben wir gelernt Gott zu vertrauen, dass er uns versorgt. Wir glauben, dass sowieso alles Gott gehört. Da wir beide gern geben, ist es für uns leicht zu einer gemeinsamen Entscheidung zu finden, wenn eine Not an uns herangetragen wird.

In der Kultur, in der wir leben, fallen das Haus und die Kinder in den Verantwortungsbereich der Ehefrau, während der Ehemann sich darum kümmert den Lebensunterhalt zu verdienen. Auch hier bin ich dankbar, dass wir beide in unserem Rollenverständnis flexibel sind. Ich bin gern bei den Kindern, übe aber auch gern meinen Beruf als Krankenschwester aus. Wenn Jeremiah unterwegs ist, übernehme ich seine Verantwortung im Missionszentrum so gut ich kann. Wenn ich im Krankenhaus arbeite, ist er gern bereit, sich zuhause um die Kinder zu kümmern, soweit seine Arbeit das zulässt.

Auch wenn ich mich manchmal frage, ob wir jemals völlig übereinstimmen werden – in den wichtigen Angelegenheiten des Lebens sind wir uns einig. Und das ist wunderbar! Wenn eine Entscheidung ansteht, in der wir nicht einer Meinung sind, diskutieren wir die unterschiedlichen Aspekte. Wenn wir dann noch immer zwei unterschiedliche Standpunkte vertreten, akzeptiere ich, dass Jeremiah als Familienoberhaupt diese Entscheidung trifft. Ich weiß, dass er niemals eine wichtige Entscheidung treffen würde, ohne sie vorher mit mir zu besprechen. Bei diesem Thema geht es um Vertrauen, und solange die Ansichten des Mannes biblischen Prinzipien nicht widersprechen, habe ich kein Problem damit, wenn er das letzte Wort hat.

Ich liebe meine Schwiegermutter. Sie hat den gleichen Beruf wie ich und das verbindet uns. Sie hat 12 Kinder, 75 Enkel und 12 Urenkel – eine große Familie! Hier ist es üblich, dass Verwandte ohne Anmeldung zu Besuch kommen – auch für längere Zeit. Damit hätte ich Schwierigkeiten! Glücklicherweise wohnen wir weit weg. Wenn dann jemand zu Besuch kommt, freuen wir uns, weil wir sonst nicht viel von der Familie sehen. Gott weiß was er mir zumuten kann.

Unsere Kinder sind meine besten Lehrer in Sachen Kultur. Als wir einmal verreisten und mir jemand etwas durch das Autofenster verkaufen wollte, antwortete ich höflich in der Spra-

che der Einheimischen: »Nein danke, das brauche ich nicht.« Ich hoffte, damit wäre der Fall erledigt. Doch da täuschte ich mich. Der Verkäufer bestand darauf, dass ich bräuchte, was er mir anbot. Schließlich wurde ich ärgerlich und sagte »Sie sollten mal ihre Ohren reinigen. Ich habe Ihnen bereits dreimal gesagt, dass ich das nicht brauche!« Damit war die Sache tatsächlich beendet. Wir leben in einer Scham-Kultur. Unsere Söhne waren entsetzt über meine Reaktion und hielten mit ihrer Meinung über mein Verhalten nicht zurück. Als ich sie fragte, was ich denn ihrer Meinung nach hätte tun können, sagten sie: »Schließe einfach das Fenster!« Dies wäre in meiner Kultur wesentlich weniger akzeptabel.

Als die Mutter einer Mitarbeiterin starb, legte mir unser Sohn nahe, die trauernde Familie zu besuchen. Ich wusste, dass alle anderen Mitarbeiter bereits dort waren und fragte mich, ob ich denn auch noch nötig wäre und was ich dort tun könnte. »Es hilft doch niemandem, wenn ich nur herumsitze und zusehe wie diese Frau weint.« Doch ich folgte dem Rat des Sohnes; und tatsächlich – ich war die letzte, die noch gefehlt hatte. Die Mitarbeiterin weinte, und ich dachte: »Wäre ich jetzt in ihrer Lage, wäre ich lieber allein!« Aber hier waren wir alle zusammen, sangen und beteten – allein oder gemeinsam, bis ein Leiter ein ermutigendes Bibelwort vorlas. Dann wurde noch einmal gebetet, und schließlich gingen die Leute nachhause. Dies war eine neue und positive Erfahrung für mich, die mir half, die Kultur meines Mannes besser zu verstehen. Bevor ich ging, bot ich unserer Mitarbeiterin meine Hilfe an. Sie bat mich, auf ihre Kinder aufzupassen, obwohl wir uns nicht besonders nahe standen. Ich war froh, dass ich etwas für sie tun konnte und stellte fest, dass mein Angebot eine echte Hilfe für sie war. Niemand sonst hatte angeboten zu helfen.

Die größte Herausforderung in unserer Ehe sind wohl unsere unterschiedlichen Gewohnheiten und Persönlichkeiten. Aber damit müssen sich auch Paare auseinandersetzen, die aus demselben Land kommen. Auch wenn wir eine glückliche Ehe führen, würde ich es doch nicht generell empfehlen, jemanden zu heiraten, der aus einer fremden Kultur kommt. Eine kulturell gemischte Ehe fordert jede Menge Toleranz, Flexibilität und braucht vor allem die klare Führung Gottes.

Vor unserer Hochzeit lud meine Freundin alle Freunde ein, deren Ehepartner aus einem anderen Land kommen, damit ich mit ihnen sprechen und herausfinden konnte, auf welches Abenteuer ich mich mit der Heirat einlasse. Das war klasse! Aber letztendlich kommt es darauf an, dass es Gottes Willen entspricht. Als mich der Pastor fragte, ob ich mir zutraue, eine Ehe mit einem Mann aus einer anderen Kultur einzugehen und Mutter von drei Kindern zu werden, noch dazu weit weg von meiner Familie und meinem Zuhause, konnte ich nur antworten:»Ich weiß nicht, ob ich dazu in der Lage bin, aber ich weiß, dass Gott »Ja« dazu sagt, und wenn er es mir zutraut, dann kann ich auch vertrauen, dass er mir hilft, *wenn es schwierig wird.« Der Pastor erwiderte:»Dann hast du alles, was dazu nötig ist, denn Gott macht keine Fehler.« Dieses Wort hat mir schon oft durch schwierige Situationen geholfen.*

Kommentar von Jeremiah

Am schwierigsten war für mich, mit den Erwartungen der Leute umzugehen. Anscheinend dachten sie, ich sei jetzt finanziell rundum versorgt, weil ich eine Frau aus einem westlichen Land geheiratet habe. So ist das natürlich nicht. Nach 17 Jahren Mitarbeit in einem internationalen Missionszentrum sehe ich Weiße nicht mehr zuerst als »Weiße«. Ich habe gelernt, sie in erster Linie als Personen zu sehen und nicht durch eine kulturelle Brille. Nachdem wir geheiratet hatten, musste ich jedoch noch eine Menge in Punkto Kulturen und Weltanschauungen lernen. In dem Maße wie wir einander in unserer Unterschiedlichkeit dienen und unsere Liebe statt die Unterschiede in den Mittelpunkt stellen, können wir unser Leben immer mehr genießen.

Beate Kiwinda (Deutschland) ging mit 30 Jahren als Krankenschwester und Hebamme nach Kenia. Sie heiratete Pastor Jeremiah Sawadi Kiwinda (Kenia), den verwitweten Leiter von JMEM Kenia. Jeremiah hat drei Söhne aus erster Ehe. Kiwindas bauten das Jugend-mit-einer-Mission-Zentrum in Dar es Salaam (Tansania) auf und leben dort mit ihrer Tochter Hanna (4).

*Annegret Lutzeyer – **Vergiss das Rollen-Schema!***

Ich bin gerne ehrenamtlich tätig. Seit unsere Kinder geboren sind (1994 und 1996) waren mein Mann und ich zusammen immer etwa zu 100 Prozent berufstätig. Eine Zeitlang arbeitete mein Mann als Lehrer zwischen 60 und 100 Prozent und ich hatte einen Teilzeit-Lehrauftrag im Krankenhaus. Immer wieder haben wir die Aufteilung unserer Arbeitszeit neu festgelegt. So konnte sich jeder von uns einem weiteren Schwerpunkt widmen – mein Mann als freischaffender Künstler und ich in der Leitung einer Gemeinde/Gemeinschaft. Hinsichtlich des Zeitmanagements bringt der Lehrerberuf einige Vorteile mit sich. Während der Schulferien hat mein Mann frei, und unseren wöchentlichen »Ehe-Abend« können wir auf den Morgen legen an dem er später Unterricht hat und die Kinder in der Schule sind.

Als ich vor sieben Jahren mit zwei weiteren Personen in die ehrenamtliche Teamleitung berufen wurde, haben wir als Familie darüber entschieden, ob ich diese Berufung annehmen soll. Mir war wichtig, den Kindern von vornherein deutlich zu machen, dass dieses Amt auch für sie Einschränkungen mit sich bringt. Ich kann z.B. nicht zu allen Schulveranstaltungen gehen, bin öfter abends weg und hin und wieder mehrere Tage nicht zuhause. Im Großen und Ganzen geht es ihnen gut damit; nur in Zeiten, in denen ich in meiner Leitungsverantwortung besonders gefordert bin, kommen mein Mann und meine Kinder schon mal zu kurz. Da muss z.B. eine schwierige Entscheidung getroffen werden, oder ein Mitarbeiter ist verunglückt und meine Gedanken sind völlig darauf konzentriert. Oft erinnert mich mein Mann daran, dass ich auch eine Familie habe, für die ich mir bewusst Zeit nehmen muss.
Vor einigen Jahren habe ich überlegt, welche Aufgaben ich abgeben kann, damit mehr Zeit für meine Familie und mich bleibt. Ein Ergebnis war, dass mir einmal in der Woche eine Putzfrau bezahlt wird und dass jemand unsere Wäsche bügelt.

Doch hin und wieder bereichert mein Engagement unser Familienleben auch. Zum Beispiel hatten die Kinder dieses Jahr eine Woche länger Osterferien, weil wir als Familie in Südafrika ein Projekt besuchten und ein paar Tage dort mithalfen. Vor zwei Jahren durften sie das in der Werft liegende neue OM-Schiff besichtigen, was sonst nur Erwachsenen erlaubt wurde.

Immer wieder wird mein Mann gefragt, wie es ihm damit geht, dass seine Frau eine Leitungsposition hat. Meist antwortet er: »Gut!« Er freut sich mit, wenn es vorwärts geht und trägt auch manches Schwierige mit. Außerdem hat er immer ein offenes Ohr, und das tut mir sehr gut.
Wir entsprechen beide nicht dem typischen Rollen-Schema von Mann und Frau. Uns ist wichtig, die Begabungen, die Gott jedem gegeben hat zu erkennen und zu achten, um sie in seinem Reich einzusetzen. Je mehr wir das tun, umso glücklicher sind wir.

Inzwischen sind unsere Jungs in die Teenager-Phase eingetreten, und manches ändert sich. Jetzt sind die Abende die Zeit in der sie uns brauchen und so achten wir darauf, dass jeden Abend möglichst einer von uns beiden zuhause ist. Außerdem bin ich dabei, wieder mehr in meinen Beruf einzusteigen. Ich bin gespannt wie unser nächstes Modell »Familie-Beruf-Ehrenamt« aussieht.

Eins ist mir wichtig: Ob Arbeit bezahlt wird oder nicht, sagt nichts über ihren Wert aus. Vieles, was in Familien und im Ehrenamt geleistet wird, ist sehr wichtig und trägt wesentlich zum Gelingen unseres Gemeinwesens bei. Gott hat versprochen, dass er uns, wenn wir nach seinem Reich trachten, mit allem versorgen wird was wir brauchen. Genau so ist es!

Annegret Lutzeyer (Deutschland), geboren 1961, seit 19 Jahren verheiratet mit Matthias, zwei Söhne (12 und 14 Jahre), Krankenschwester, Dipl. Pädagogin und Trainerin, ehrenamtlich tätig in der Leitung des Offenen Abends Stuttgart – einer Gemeinde/Gemeinschaft innerhalb der evangelischen Landeskirche mit ca. 180 Mitarbeitenden.

Babsi Soltau – **Wir wollen uns nicht im Dienst aufreiben**

Von Anfang an war Peter und mir klar: Was wir machen, das machen wir zusammen! Gott hat uns einen Auftrag zum Teamwork gegeben – sowohl für die Familie als auch für den Dienst als Gemeindeleiter. Das bedeutet natürlich nicht, dass wir überall und immer im Doppelpack auftreten, sondern dass jeder seiner Begabung und Berufung gemäß dazu beiträgt, die Aufgaben zu erledigen und die Verantwortung gemeinsam zu tragen.

Im Alltag hatte das je nach Familienphase unterschiedliche Ausprägungen und manchmal war es gar nicht so leicht, sich verändernden Situationen anzupassen. Als unsere vier Kinder kleiner waren und noch »viel mehr Mama« brauchten, haben Peter und ich viele Dinge im Gespräch geklärt, und während ich mit Stillen, Wickeln, Kochen etc. beschäftigt war, hat Peter das »Tagesgeschäft« in der Gemeinde erledigt und unsere gemeinsamen Entscheidungen umgesetzt. Auch habe ich mich während der Kleinkindphase ziemlich zurück gehalten, wenn es darum ging, die Gemeinde nach außen zu vertreten oder zu predigen. Welche Mama steht schon gern vorn, wenn das Baby hinten auf Papas Arm untröstlich ist?

In unserem Umfeld hatten wir einige völlig ausgebrannte und frustrierte Familien erlebt, aber aus negativen Vorbildern lernt man ja bekanntlich auch. Deswegen war uns von Anfang an wichtig: Die Kinder dürfen nicht zu kurz kommen und unter dem so oft fatalen »Pastorenkinder-Druck« stehen. Auch als Ehepaar und als Einzelne wollten wir uns nicht im Dienst aufreiben. Deshalb haben wir uns fest vorgenommen, gemeinsam als Familie »den Lauf zu vollenden« (2. Tim. 4, 7). Wir wollen keinen unterwegs verlieren, sondern unsere Berufung erfüllen und gemeinsam am Ziel ankommen. Weil es ja bekanntlich um einen Marathon und nicht um einen Sprint geht, bedeutet das: Kräfte einteilen, miteinander Spaß haben, Auszeiten nehmen, hin und wieder aus der Stadt weg gehen, Freunde außerhalb des Dienstes finden und einfach »eine ganz normale Familie« sein.

Wir haben uns große Mühe gegeben, freie Tage und Urlaube gut zu planen und auch die Familienzeiten zu schützen. Dabei hat uns schließlich ein Anrufbeantworter sehr geholfen. Auch kleine Dinge können einen großen Unterschied machen, z.B. nicht ans Telefon gehen wenn gegessen wird, oder die Kinder zu Bett gebracht werden.

Den Kindern haben wir versucht zu vermitteln, welches Vorrecht es ist, so nah an Mamas und Papas »Arbeitsplatz« dran zu sein, viele Menschen kennen zu lernen, auch mal hinter Probleme zu schauen, gemeinsam jemanden zu helfen oder ihn mit einem Geschenk zu überraschen und in einer großen Gemeinde-Familie zu leben.
Heute haben unsere Kinder ihren Begabungen entsprechend Aufgaben gefunden, die ihnen Freude machen und mein Herz ist voll Dankbarkeit, wenn ich unsere Älteste sagen höre: »Mama, ich liebe unsere Gemeinde!«

Obwohl sich unsere Arbeitssituation heute völlig verändert hat – die Kids sind selbstständig und viel unterwegs, wir arbeiten beide »vollzeitig«, finde ich es immer noch schwierig, allem gerecht zu werden. Es gibt so viele Anforderungen, die an mir ziehen. Emotional ist es fast als hätte ich wieder vier oder mehr kleine Kinder, die alle gleichzeitig etwas von mir wollen und ich muss überlegen: Wer wird jetzt gleich bedient, wer muss warten und wird derjenige nachhaltig darunter leiden?
Manchmal hilft es mir, mich auf meine Prioritäten zu besinnen: meine Beziehung zu Gott – zu Peter – zu den Kids – dann kommt die Gemeinde/Freunde/Verwandte/Nachbarn... Manchmal hilft aber nur – und vielleicht am besten – Gebet. Schließlich ist Gott derjenige, der jede Person, jede Not und jede Schwierigkeit kennt, und ER hat eine Antwort darauf, die glücklicherweise bestimmt nicht immer ich bin. In solchen Situationen ist es dran, einen Schritt zurückzutreten und Gott nach den von ihm vorbereiteten Werken zu fragen. Alles in Allem empfinde ich es als ein großartiges Geschenk, als Ehepaar und Familie in Sachen Reich Gottes unterwegs zu sein und als kleine Familie in die große Familie Gottes investieren zu dürfen.

Babsi Soltau und ihr Mann Peter leiten seit 17 Jahren gemeinsam das Evangeliumszentrum in München. In diesem Rahmen haben sie in den letzten acht Jahren ein Mehrgenerationenzentrum mit Kindergarten aufgebaut. Sie haben vier Kinder im Alter von 14, 16, 18 und 20 Jahren.

Beatrice Simeon –
Wir sind kein gewöhnliches Paar

Petru war 20, ich 17, als wir Jesus kennen lernten. Zu der Zeit kannten wir uns noch nicht. In der Gemeinde lernten wir uns kennen - bei Jugendabenden, Einsätzen in den Dörfern, Gebetsabenden und Besuchen im Krankenhaus. Das war noch in der Zeit des Kommunismus. Damals war nichts einfach.
Alles was man für den Herrn tat, kostete einen hohen Preis. Zum Beispiel konnte man als Christ keine Arbeitstelle finden, konnte nicht studieren, bekam keine Wohnung und so weiter. Aber unsere »erste Liebe« zu Jesus war groß. Wir wollten für Ihn leben und Ihm dienen. Christliche Organisationen gab es nicht, oder vielleicht gab es sie im Untergrund doch. Wer wusste damals schon, dass man Gottes Stimme hören kann? Niemand! Es gab keine Lehre über dieses Thema. Aber Gott sprach trotzdem und viele hörten ihn.
Ich war gerade 20 und wollte endlich wissen, welchen Plan Gott für mein Leben hatte. Er zeigte mir, dass ich mit Kindern und jungen Leuten arbeiten werde – doch nicht nur in Rumänien, nein, in vielen Ländern und dass ich lehren, reisen und leiten werde. Das ging weit über mein Vorstellungsvermögen. Ich konnte noch nicht einmal bis zur Landesgrenze fahren und hatte noch nie einen Reisepass gesehen.

Langsam kamen Petru und ich uns näher. Wir beteten und hatten den Eindruck, dass Gott uns zusammenführen wollte. Na schön! Das erleben Menschen überall in der Welt. Aber wie sollte das mit uns funktionieren? In meinem Herzen brannte was Gott zu mir gesprochen hatte. Wie sollte ich eine gute Ehefrau und Mutter werden? Viele Fragen bewegten mich, auf die ich keine Antwort fand. In den Gemeinden hörte ich, dass die Ehefrau dem Mann untertan sein und ihn in der Arbeit für Gott fördern soll. Bei uns schien vieles so anders zu sein: Petru ist praktisch begabt. Er kann mit seinen Händen alles machen. Ich studiere gerne und mag es, frei vor Menschen zu sprechen und zu lehren. Er ist dafür gar nicht zu haben, obwohl er den Herrn sehr liebt.

Trotz allem haben wir schließlich geheiratet. Petru hat Gottes Berufung für mich sofort gesehen und anerkannt. Er wurde meine stärkste Stütze, indem er mir zur Seite stand und mich förderte.
Innerhalb von sieben Jahren erweiterte sich unsere Familie um zwei Jungen. Nun sollte ich doch wohl zuhause bleiben, oder? Am Anfang habe ich das auch getan, doch später bekam der Dienst nach außen wieder mehr Gewicht, und Petru übernahm ohne zu murren was zuhause zu tun war. Vielleicht klingt das ideal. Aber ganz so einfach war es nicht im-

mer. Wir sind trotz allem Menschen mit Fehlern. Viele Leute meinten, dass Petru mir zu viel Freiraum gebe. Das nagte an ihm. Außerdem bemerkte er mit der Zeit, dass unsere Gesellschaft es nicht akzeptiert, dass er als Mann an zweiter Stelle steht. Unzufriedenheit und Meinungsverschiedenheiten kamen dazu. Aber wir wandten uns immer wieder an den Herrn und hielten an dem fest was Er gesprochen hatte. Dadurch wurde Petru mit seinem Platz in der zweiten Reihe zufrieden, und ich lernte eine wichtige Lektion: Der Dienst der Menschen, die froh an einem zweiten Platz stehen können, ist viel wertvoller als der jener, die immer gesehen werden müssen. Das half mir in schwierigen Zeiten.

Schließlich begann ich vollzeitlich für den Herrn zu arbeiten. Damit kam eine neue Herausforderung auf uns zu, denn in unserem Land kann eine Familie nicht mit nur einem Gehalt überleben. Mein Beitrag musste jetzt über Spenden gedeckt werden, was bis heute ein spannendes Abenteuer ist. Petru arbeitet nach wie vor in einem Acht-Stunden-Job. Seine Arbeitswelt ist ganz anders als meine. Trotzdem finden wir uns immer wieder. Spät, aber doch noch rechtzeitig, haben wir gelernt viel besser zu kommunizieren, über Gefühle zu sprechen und Konflikte zu lösen. Unsere Kinder haben das alles mitbekommen und auch davon profitiert. Heute ist der Älteste ebenfalls vollzeitlich im Dienst bei Jugend mit einer Mission und verfolgt große Träume mit Gott. Der Jüngere sucht noch seinen Weg.
All das, was wir während der 24 gemeinsamen Jahre gelernt haben, hat uns zu der Überzeugung geführt, dass wir Familiendienst beginnen sollen. Und es läuft super. Gott hat also auch einen Platz und eine besondere Berufung wenn man kein gewöhnliches Paar ist.

Beatrice und Petru Simeon leben in Timisoara, Rumänien. Beatrice ist seit 1994 Mitarbeiterin bei Jugend mit einer Mission (JMEM) und leitet die JMEM-Kinder- und -Jugendarbeit »King's Kids« in Rumänien. Seit 2007 gehört Beatrice außerdem zum nationalen Leitungsteam von JMEM Rumänien. Petru arbeitet seit 30 Jahren für die rumänische Eisenbahngesellschaft. Er ist Diakon in ihrer Gemeinde in Timisoara. Beatrice und Petru haben zwei Söhne: Benjamin (23) und Timotei (17)

Der tägliche K(r)ampf
um Zeit und Prioritäten

In einer funktionierenden Familie wird über lange Zeit eine enorme Leistung erbracht. Zwar wird diese Leistung von der Gesellschaft wenig anerkannt, aber ohne sie würden Gemeinwesen nicht funktionieren. Gott vertraut die Verantwortung für unsere Kinder uns Eltern an. Wir dürfen diese Verantwortung nicht aus der Hand geben. Als Eltern brauchen wir die tiefe Überzeugung, dass unsere Aufgabe absolut wichtig und unersetzlich ist. Sie wird uns motivieren, unsere Prioritäten richtig zu setzen und den Marathon »Kindererziehung« erfolgreich zu laufen.

Familie – die nachhaltigste Investition
in die nächste Generation

Familie ist **DIE** »Jüngerschaftsschule« für unsere Kinder und beeinflusst die kommenden Generationen. Gott gibt uns Eltern das Privileg, gemeinsam mit ihm die Zukunft zu formen. In der kleinsten sozialen Zelle, der Familie, leben wir vor was es bedeutet, »Gott zu kennen und ihn bekannt zu machen«. Hier wird im täglichen Leben praktisch umgesetzt, was Liebe, Annahme, Demut, Barmherzigkeit mit den Schwächen des anderen und Vergebung bedeutet. Diese Investition in die Prägung der nächsten Generation wirkt langfristig und ist nachhaltiger als irgendein anderer Job. Sie wird auch noch die übernächste Generation beeinflussen. Schließlich werden unsere Kinder die Väter, bzw. Mütter unserer Enkel sein.

Unser Engagement in der Familie wird auch noch die übernächste Generation beeinflussen.

Familie und Dienst unter einen Hut bringen

Besonders in den ersten Familien-Jahren ist es nicht einfach, sich konsequent in die Kinder zu investieren und gleichzeitig die berufliche bzw. dienstliche Karriere zu entwickeln. Unsere Berufung bleibt unser Auftrag, auch wenn wir Familie geworden sind und Kinder haben. Die jeweiligen Entwicklungsphasen der Kinder setzen unter anderem die Rahmenbedingungen dafür, was in dieser Phase möglich ist und was nicht. Als Vater und Mutter sind wir beide für das Wohl und für die Entwicklung unserer Kinder ver-

Unterschiedliche Familienphasen erfordern Anpassung.

antwortlich, und als Ehepartner unterstützen wir uns gegenseitig, unsere Begabungen und Berufungen zu entwickeln. Verstehen wir uns als Team und handhaben wir unsere gemeinsamen Aufgaben flexibel, können wir Freiräume schaffen. Dazu muss sich vielleicht der eine oder andere von Vorstellungen einer festgelegten Rollen-Aufteilung trennen. Die Aufgabenverteilung kann z. B. in den verschiedenen Familienphasen unterschiedlich sein und sich den Rahmenbedingungen anpassen, die jeweils durch Familie und Arbeit gesetzt sind.

Zwei Beispiele sollen ungesunde Extreme verdeutlichen. Je nach Persönlichkeit und Prägung sind wir irgendwo zwischen diesen Extremen angesiedelt und neigen eher zur einen oder anderen Richtung.

Melanie hat sich nach der Geburt ihres ersten Kindes aus dem Dienst verabschiedet und lebt nur noch für die Familie. Auch von ihrem Mann erwartet sie ein hohes Engagement für Frau und Kinder. Weil sie innerlich nicht beteiligt ist, findet sie immer häufiger Kritikpunkte an der Gemeinschaft, zu der sie sich eigentlich berufen weiß und empfindet sie als Konkurrenz.

Tanja dagegen will auch mit Baby ganz im Dienst bleiben. Sie engagiert eine Nanny und fliegt die Oma ein, die das Kind hütet, wenn sie wochenlang mit ihrem Mann im Auslandseinsatz ist. Bei ihrer Rückkehr reagiert ihre 18 Monate alte Tochter auf sie wie auf eine fremde Person.

Es ist von großer Bedeutung in welchen Entwicklungsphasen sich unsere Kinder befinden. Während es bei größeren Kindern gut möglich ist, sie auch einmal kurzfristig bei der Oma oder bei Freunden unterzubringen, kann schon eine kurze Trennung von der Mutter bei einem Kleinkind, das sich noch in der Symbiose mit der Mutter befindet (gewöhnlich bis zum zweiten Lebensjahr), großen Schaden anrichten.

Lena und Tim haben einen guten Weg gefunden. Sie haben drei kleine Kinder. Für Lena ist es selbstverständlich, sich voll ihren Kindern zu widmen und nur noch wenig nach außen aktiv zu sein. Weil ihr aber Gebet ein besonderes Anliegen ist, übernimmt Tim am wö-

chentlichen Fürbitteabend das Zubettbringen der Kinder. Als das zweite Kind vormittags für zwei Stunden in den Kindergarten kommt, beginnt Lena eine »Mutter-Kind-Gruppe« in ihrem Haus. Der Vater richtet es ein, an diesem Tag die Kinder vom Kindergarten abzuholen und das Mittagessen vorzubereiten. Als ein paar Jahre später eine mehrwöchige Schulung für Seelsorger angeboten wird, beraten Lena und Tim, wie sie es ermöglichen könnten, dass Lena daran teilnehmen kann. Tim kann seine Arbeit in der Buchhaltung so organisieren, dass er für diese drei Monate in den Nachmittagsstunden die Kinder zuhause bei den Hausaufgaben betreuen kann.

Zeit und Aufmerksamkeit investieren

»Starke Familien verbringen bewusst Zeit miteinander«. So lautet eine der sechs Eigenschaften starker Familien, die in der eingangs erwähnten Langzeitstudie definiert werden (siehe Vorwort).

Zu meinen (Angelas) besonderen Kindheitserinnerungen gehören die kostbaren Zeiten, die mein Vater ganz alleine mit mir verbrachte, denn außer mir gab es noch drei andere Geschwister. Ab und zu durfte ich mit ihm auf die Jagd gehen. An meinem 10. Geburtstag holte mich mein Vater überraschend von der Schule ab und lud mich in die Eisdiele ein. »Du bist mir wichtig, und ich bin stolz auf meine Tochter« – das war die Botschaft, die bei mir ankam. Jeder Mensch hat ein tief verwurzeltes Bedürfnis geliebt und angenommen zu werden. Wenn wir uns geliebt fühlen, wird unser emotionaler Tank gefüllt (Dr. Ross Campell benutzt diesen Vergleich in seinem Buch »Kinder sind wie ein Spiegel«). Ist unser Tank gefüllt, reagieren wir ausgeglichen und fühlen uns wohl. Ist der Tank leer, sind wir emotional unzufrieden und unsicher. Wie beim Auto immer wieder Treibstoff nachgetankt werden muss, muss auch unser Liebestank immer wieder aufgefüllt werden. Aufmerksamkeit und Zeit sind wesentliche Bestandteile des Treibstoffs »Liebe«, mit dem wir Eltern unsere Kinder regelmäßig versorgen müssen.

Ein voller »Tank« sorgt für Wohlbefinden und Ausgeglichenheit.

Das Herz muss dabei sein

Gemeinsam verbrachte Zeit zeigt dem Partner bzw. dem Kind, »du bist mir wichtig!«. Dabei ist nicht nur die Menge der Zeit entscheidend, sondern vor allem unser echtes Interesse und die ungeteilte Aufmerksamkeit, was sich u.a. im Zuhören ausdrückt. Das Herz muss dabei sein. Es reicht nicht, wenn nur technisch ein Job erledigt wird. Ich weiß wovon ich rede. Wie oft habe ich meinen Kindern nur mit halbem Ohr zugehört und bin dabei meinen eigenen Gedanken nachgehangen. »Mama, du hörst gar nicht richtig zu!«, war die frustrierte Reaktion. Also: Zeitung weglegen! Computer und Handy ausschalten! Blickkontakt aufnehmen und mich dem Kind oder dem Partner ganz zuwenden!

Zuhören – echtes Interesse zeigen und ungeteilte Aufmerksamkeit schenken!

Der Esstisch als zentraler Ort des Familienlebens

Auch gemeinsame Erlebnisse können effektiv den emotionalen Tank füllen, z.B. ein Spaziergang zu zweit oder zusammen essen. Gemeinsame Mahlzeiten sind übrigens ein idealer Rahmen sich auszutauschen und einander zuzuhören. Mit Teenagern im Haus waren diese Zeiten bei uns umkämpft. Musikunterricht, Sport, Freunde ... alles schien so wichtig zu sein. Wenn wir nicht aufpassten, gab es kaum noch Gelegenheiten als Familie gemeinsam am Tisch zu sitzen. Wir vereinbarten, dass jeder – bis auf seltene Ausnahmen – zum Abendbrot da ist. Bei unseren gemeinsamen Mahlzeiten sprachen wir über die Ereignisse und Erlebnisse des Tages, diskutierten, lachten, manchmal weinten wir auch und beteten füreinander. Oft blieben wir noch lange nach dem Essen sitzen. Unser Esstisch wurde zum zentralen Punkt im Familienleben.

Vor einigen Jahren besuchte uns ein älterer Missionar. Als er in unserem Fotoalbum blätterte und die Bilder von unseren Kindern betrachtete, meinte er wehmütig: »Ich habe diese Zeit bei meinen eigenen Kindern verpasst, weil ich immer unterwegs war im Dienst für den Herrn. Ich wünschte, ich könnte es rückgängig machen.« Diese Begegnung hat uns damals tief beeindruckt und wir nahmen uns vor, es besser zu machen. Es gelang uns nicht immer. Oft jagte ein Termin den anderen. Als sich wieder einmal jemand verabschiedet hatte, der zur Beratung bei uns zuhause war, meinte unsere damals fünfjährige Tochter: »Mama, könntest du mit mir auch mal einen Tee trinken und eine Kerze anzünden?« Ihre Aussage traf mich. Ich war auf dem besten Weg, meine Kinder zu vernachlässigen. Meine Prioritäten mussten neu geordnet werden.

Englisches Sprichwort: Children spell love: »T–I–M–E«. Kinder buchstabieren Liebe: »Z–E–I–T«

Die wichtigsten Aufgaben im Blick behalten

Hier können wir Jesus zum Vorbild nehmen. Obwohl er keine Frau und keine Kinder hatte, war die Prägung der Menschen, die er als seine Familie bezeichnete (seine Nachfolger) ein fundamentaler Teil seines Dienstes. Als Eltern können wir uns als »Teamleiter« unseres Familien-Teams verstehen. Uns um das Wohl des Teams zu kümmern, ist eine unserer wichtigsten Aufgaben. Daneben gibt es andere Aufgabenfelder wie Beruf, Gemeinde usw. Vielleicht kommen wir uns manchmal wie ein Artist vor, der mit einer Vielzahl von Bällen jongliert und dabei auch noch entspannt und begeistert wirken soll. Und wenn ein Ball auf den Boden fällt? Wenn wir es merken und ihn schnell wieder aufnehmen, ist das nicht weiter dramatisch, aber wenn er liegen bleibt wird es gefährlich. Die Möglichkeiten mögen verlockend sein – aber die Frage ist, wie viele Bälle kann ich dauerhaft jonglieren? Wir haben unterschiedliche Persönlichkeitsstrukturen und Kapazitäten. Auch die Anzahl und das Alter der Kinder, sowie ihre jeweiligen Entwicklungsphasen setzen Rahmenbedingungen für das was in meiner jetzigen Lebensphase möglich ist und was nicht. Manche schaffen es mühelos, zehn Bereiche parallel in Balance zu halten; für andere sind bereits fünf eine Herausforderung. Wichtig ist, dass wir die wichtigsten Aufgaben im Blick behalten. Sich mit anderen zu vergleichen ist oft wenig hilfreich. Und manchmal braucht es »den Mut zur Lücke« (z. B. »Die Fenster werden jetzt noch nicht geputzt und ich stehe dazu«).

> **Uns um das Wohl des Familien-Teams zu kümmern, ist eine unserer wichtigsten Aufgaben.**

Auf die Prioritäten kommt es an

Starke Familien verbringen bewusst Zeit miteinander. Diese Zeit muss ganz sicher oftmals erkämpft werden. Die Prioritäten richtig zu setzen und im Gleichgewicht zu halten ist eine fortwährende Herausforderung. An welchen Kriterien kann man sich dabei orientieren? Wir schlagen vor, das an oberste Stelle zu setzen, was die höchste Rendite für unsere Lebensinvestition verspricht. Die Antworten auf folgende Fragen könnten die wichtigsten Bereiche benennen: Was zählt langfristig – in 10, 20, 100 Jahren? Wo bin ich nicht ersetzbar? Wozu habe ich mich vor Gott verpflichtet?

> **Was verspricht die höchste Rendite für unsere Lebensinvestition?**

Meine Beziehung zu Gott, meine Ehe und die Kinder stehen dabei sicher am Anfang der Prioritätenliste. Wenn wir z.B. als Ehepaar in dieser Woche keine Zeit für einander hatten, ist es jetzt wichtig, Zeit zu zweit freizuschaufeln. Wenn ein kleines Kind ständig quengelt, oder ein größeres Kind außergewöhnlich schweigsam, traurig oder aggressiv ist, braucht es wahrscheinlich eine extra Portion »ungeteilte Aufmerksamkeit«. Die emotionale Befindlichkeit unserer Familienmitglieder im Blick zu haben hilft, größere Krisen zu vermeiden. Und wir dürfen Gott bitten, uns Seine Perspektive für jedes einzelne Familienmitglied zu geben.

Meine begrenzte Zeit für meine verschiedenen Verantwortungsbereiche weise aufzuteilen ist und bleibt ein Spannungsfeld. Das Ringen um die richtigen Prioritäten nimmt mir keiner ab. Ich möchte am Ende von Gott hören: »Gut gemacht, Angela!«

Anregung zum Partnergespräch

- Welche Aufgabenfelder haben wir? Welche Priorität hat der jeweilige Bereich? Jeder Partner erstellt die Liste für sich. Anschließend vergleichen die Partner ihre Prioritätenlisten und sprechen darüber.
- Wie sind unsere Aufgaben in unserer jetzigen Familien-Phase verteilt?
- Wo könnten wir Freiräume schaffen, so dass die Begabungen und Berufungen beider Partner besser zum Zuge kommen?
- Nehmen wir uns als Ehepaar genügend Zeit füreinander (meine Wünsche – deine Wünsche)?
- Welche Bedürfnisse sehen wir momentan bei unseren Kindern? Wie können wir diesen Bedürfnissen gerecht werden?
- Gibt es Zeiten, die wir sinnvoller nutzen könnten?
- Welche Gewohnheiten könnten wir ändern, um Zeit füreinander zu schaffen?

Praktische Tipps

- Einen Ehe-Abend planen und etwas zusammen unternehmen.
- Kleinen Kindern 20 Minuten ungeteilte Aufmerksamkeit widmen (Vorlesen, Spielen), um ihren emotionalen Tank zu füllen. Danach beschäftigen sie sich auch gern wieder allein.
- Wenn größere Kinder von der Schule nachhause kommen, sich zu ihnen setzen und ihnen zuhören.
- Teenager haben häufig spät abends das Bedürfnis zu reden. Deswegen nicht jeden Abend für Verabredungen und Meetings verplanen. Wenn ein Teenager reden will, ihn nicht auf den nächsten Morgen vertrösten. Wahrscheinlich ist der Zug dann abgefahren.
- Vereinbarungen treffen und verbindliche Standards festlegen (z. B. ausgewogene Mahlzeiten mit genügend Vitaminen; Standard beim Putzen; wann, wo, wie Hausaufgaben erledigt werden). Gemeinsam getroffene Vereinbarungen vermeiden später Ärger.

Anregung für die Gesprächsrunde
»Wie vereinbaren wir Familie und Dienst?«

- Wie lebt ihr »Familie und Dienst« entsprechend eurer Familienphase und euren unterschiedlichen Berufungen?
- Wie klappt die »Stabübergabe«?
- Wo sind eure persönlichen Baustellen?
- Wo solltet ihr Prioritäten neu ordnen?
- Was empfindet ihr als schwierig (z.B. fällt es manchen Männern schwer, die Kinder zu beaufsichtigen und gleichzeitig andere Aufgaben zu erledigen)?
- Wer hat gute Erfahrungen gemacht, die auch für andere hilfreich sein könnten?

Empfehlung für den Abschluss dieser Einheit

Gebetsrunde mit Schwerpunkt »Dank für meine derzeitige Familienphase« und die damit verbundenen Möglichkeiten.

Aktion für die Familie »Unsere Prioritäten«

Eltern, sprecht mit euren Kindern über folgende Themen:
- Welche 5 Bereiche sind für unsere Familie die wichtigsten?
- Wie können wir sie am besten organisieren?
- Wir planen feste Familienzeiten und tragen sie in unseren Familienkalender ein.

Wie können Eltern dazu beitragen, dass Kinder gesund aufwachsen?

Dieser Frage ist eine Studie der Gesellschaft für angewandte Sozialforschung der Universität Bielefeld nachgegangen: Hier einige gute Empfehlungen daraus:

Gemeinsam essen

Familien sollten mindestens ein Mal am Tag gemeinsam essen. Dabei sind für alle verbindliche Absprachen wichtig, z. B. dass alles, was auf dem Tisch steht, zumindest probiert wird, dass alle bis zum Schluss sitzen bleiben und dass der Fernseher ausgeschaltet bleibt. Übrigens, regelmäßige gemeinsame Mahlzeiten beugen Übergewicht vor.

Routine aufbauen

Ein geregelter Tagesablauf stärkt das seelische Gleichgewicht der Kinder und erleichtert Eltern den Alltag. Hilfreich sind Rituale, etwa beim Zubettgehen oder vor dem Essen. Die alltägliche Routine vermittelt Kindern, dass sie sich auf etwas verlassen können. Das Urvertrauen in die Familie ist für die Entwicklung besonders wichtig.

Regeln festlegen

Der Familienalltag fällt leichter, wenn Eltern und Kinder regelmäßig miteinander sprechen und für den Umgang miteinander gemeinsam klare Verhaltens- und Gesprächsregeln aufstellen. Kritik sollte immer sachlich geäußert und erwünschtes Verhalten gelobt werden. Die Eltern wachen über die konsequente Einhaltung der Regeln. Selbstverständlich halten sie sich auch selbst daran.

Positiv eingestellt sein

Begegnen Eltern ihren Kindern mit einer positiven Lebenseinstellung und einem gesunden Selbstwertgefühl, schaffen sie beste Voraussetzungen für die Gesundheit ihres Nachwuchses. Achten Mama und Papa auf ihre Gesundheit, bewegen sich regelmäßig und nehmen sich Auszeiten zum Entspannen, orientieren sich die Kinder an diesem Vorbild.

Medien sinnvoll nutzen

Den gesunden Umgang mit den Medien erlernen Kinder durch eine Begrenzung der Fernsehzeit und eine gezielte Auswahl der Sendungen, am besten mit anschließendem Gespräch mit den Eltern. Auch der Umgang mit Video- und Computerspielen bedarf der Kontrolle. Am besten schauen sich die Eltern genau an was gespielt wird und wie lange.

Interesse zeigen

Aktives Interesse an der Schule und regelmäßiger Kontakt mit Lehrern und anderen Eltern hilft, mögliche Schulprobleme leichter zu bewältigen. Eltern, die am Schulalltag der Kinder Anteil nehmen und sich über Aufgaben informieren, können dann bei Problemen ihre Hilfe anbieten.

Zur Vertiefung

Bobbie und Myron Yagel: »Hast du etwas Zeit für mich? –
  15 Minuten pro Woche für eine starke Ehe«, Edition Trobisch
Ross Campell: »Kinder sind wie ein Spiegel«, Verlag d. Francke-Buchhandlung GmbH
Catherine und Frank Fabiano: »Die Herzen unserer Kinder berühren. Die Entwick-
  lungsstufen eines Menschen verstehen und darauf eingehen.«, Gerth Medien
Seminar: »Entwicklung und Fehlentwicklung eines Menschen verstehen«,
  Dunamis Ministries, www.dunamis.de
Claudia und David Arp: »Was glückliche Familien richtig machen.
  Sieben Basics für starke Familien«, Brunnen-Verlag Gießen 2005

Brenda Hilario – **Ständig unterwegs, aber immer zuhause**

Als Familie im Missionsdienst zu arbeiten kann begeisternd und erfüllend, aber manchmal auch schwierig sein.
Nachdem ich zehn Jahre als Krankenschwester in Neuseeland gearbeitet hatte, kam ich 1985 auf die Philippinen. Dort traf ich Mel, einen Filipino, der zwei Jahre später mein Mann wurde. Nach einem Jahr kam unser Sohn Jonathan zur Welt, vier Jahre später unsere Tochter Joanna.

Durch unsere Pionierarbeit sind wir als Familie mehr als fünfzig Mal umgezogen, lebten in drei verschiedenen Ländern und arbeiteten in weitere Länder hinein. Folglich besuchten unsere Kinder viele verschiedene Schulen. Als Mutter war es mir besonders wichtig, meinen Kindern ein Zuhause zu schaffen. Dieses Zuhause gab uns allen das Gefühl von Wurzeln und Stabilität. Selbst wenn wir während einer Dienstreise oder während des Heimaturlaubs nur einige Tage an einem Ort waren, stand diese Aufgabe ganz oben auf meiner Prioritätenliste. Auf folgende Punkte legten wir Wert.

Zuerst das Nest bauen
Wir Eltern engagierten uns erst im Dienst, wenn das Nest für die Familie gebaut war. Wie viel Zeit dafür nötig war hing von der Art des Umzugs ab, zum Beispiel eine oder zwei Wochen, wenn wir in eine neue Stadt zogen, ein paar Tage, wenn wir innerhalb der Stadt umzogen, einige Stunden zu Beginn eines Heimataufenthalts, eines Kurses oder eines Einsatzes.

Platz für die Kinder schaffen
Das bedeutete manchmal nur, die Betten der Kinder und einen kleinen Tisch oder eine Ecke im Zimmer mit ihren wichtigen Sachen herzurichten - mit Spielzeug, ihrer Bibel, Büchern, Stiften etc., um ihnen ein Gefühl der Beständigkeit und Stabilität zu vermitteln. Während ich damit beschäftigt war, machte mein Mann die Küche startklar. An einem Ort, an dem alles fremd ist, bedeutet es viel, wenn man Essen zubereiten kann, das der Familie vertraut ist und jedem schmeckt. Jederzeit die eigene Trinkflasche oder Tasse zur Hand zu haben ist ebenfalls hilfreich.

Die neue Umgebung kennenlernen
Wir machten mit den Kindern einen Spaziergang und sprachen mit ihnen über die unterschiedlichen Lebensgewohnheiten, denen wir hier begegnen werden. Wir stellten sie den

Nachbarn und Ladenbesitzern vor und zeigten ihnen wo sie Kleinigkeiten einkaufen konnten.

Neue Freunde finden

Nachmittags luden wir Kinder aus der Nachbarschaft zu uns ein, damit unsere Kinder sie kennen lernen konnten.

Mit der neuen Schule vertraut werden

Wir schickten unsere Kinder nicht einfach zur Schule, sondern stellten uns als Familie dort vor und ließen uns allen das Schulgelände zeigen. Dann gingen wir zusammen einkaufen und besorgten Schuluniformen, Bücher und Hefte. Auf diese Weise entstand eine positive Erwartungshaltung gegenüber der neuen Schule. Es war für unsere Kinder immer ein aufregender Tag, wenn sie in eine neue Schule kamen.

Das »Gebiet abstecken«

Wir erklärten den Kindern was wir von ihnen in der neuen Umgebung erwarten und in welchen Grenzen sie sich bewegen können.

Die positiven Seiten betonen

Wir machten einen Familienausflug und erkundeten gemeinsam die neue Stadt, die Umgebung und das JMEM-Zentrum und stellten dabei die schönen Seiten unseres Umzugs heraus.

Darauf achten, wie gut die Kinder die neue Situation verarbeiten

Während der ersten Wochen in der neuen Umgebung hatten wir vor allem ein Auge auf ihr Spielverhalten, um abschätzen zu können wie gut sie mit der neuen Situation zurechtkommen.

Die Kinder an Entscheidungen beteiligen

Die Hauptsache war jedoch, unsere Kinder an den Gebets- und Entscheidungsprozessen zu beteiligen – vor und während des Umzugs und auch danach. Dadurch erlebten sie die Veränderung nicht passiv, sondern nahmen aktiv Anteil und machten es dadurch zu ihrer Sache. Natürlich hing das Maß ihrer Beteiligung von ihrem Alter ab.

Zwölf Jahre haben wir in JMEM-Gemeinschaften gelebt und etwa elf Jahre außerhalb. Eines meiner ständigen Konfliktfelder war das Leben als Familie innerhalb von JMEM-Gemeinschaften. JMEM ist meist geprägt von ständigem Wechsel, Menschen kommen und gehen. Der Lebensstil lässt sich vielleicht mit einem Kurzstreckenlauf vergleichen. Familie dagegen ist eher stetig, und Veränderungen bahnen sich langsam an, vergleichbar einem Marathon. Ich fand es oft schwierig, mit dem Tempo mitzuhalten und gleichzeitig Zeit für *meine Familie, für den Dienst, für mich persönlich und für andere unter einen Hut zu bekommen. Es passiert so leicht, dass man sich auf nur einen dieser Bereiche konzentriert und die anderen aus dem Blick verliert. In dieser Situation waren meine persönlichen Zeiten mit Gott und seinem Wort wie ein Kompass, der mir die Richtung zeigte. Wenn ich den Tag mit Gott anfing, war ich mir sicher in seinem Willen zu sein, selbst wenn ich banale Aufgaben erfüllte, die andere vielleicht nicht als Dienst ansahen.*

Wir fanden hilfreich, uns nicht mit anderen Familien zu vergleichen sondern anzuerkennen, dass wir alle einzigartig sind und dass Gott jeder Familie unterschiedliche Berufungen, Persönlichkeiten, Begabungen und Prioritäten gibt.

Durch unsere Umzüge und die damit verbundenen Neuanfänge waren wir als Familie oft auf uns allein gestellt. So lernten wir, uns in diesen Zeiten mehr auf Gott und auf einander zu verlassen. In einer »normalen« Situation hätten wir diesen Segen vielleicht verpasst.

Wir sind Gott dankbar wie er uns in diesen Jahren geführt hat. Unsere Kinder wurden zu selbstbewussten und kontaktfreudigen Erwachsenen, denen es nicht schwer fällt sich auf neue Situationen einzustellen. Beide sind zweisprachig, abenteuerlustig und aufgeschlossen für Neues. Wir haben es nie bereut, als Familie im Dienst zu sein – im Gegenteil. Wir fühlen uns privilegiert und gesegnet, dass wir uns am Bau des Reiches Gottes beteiligen können.

Brenda (Neuseeland) und Mel (Philippinen) Hilario sind seit 1987 verheiratet und haben zwei Kinder: Jonathan (1987) und Joanna (1992). Seit 1984 sind sie Mitarbeiter von JMEM-Philippinen. Während dieser Zeit haben sie bei JMEM-Neuseeland und bei JMEM-Australien mitgearbeitet. Sie sind die Gründer und Leiter des Familiendienstes von JMEM-Philippinen und gehören zum Internationalen Leitungsteam von JMEM-Familiendienst. Mel und Brenda setzen sich dafür ein, dass der Arbeitszweig Familiendienst in jedem asiatischen Land gepflanzt wird.

Christine Schubert –
Dienst und Familie – (k)ein Gegensatz?

Die Frage, ob ich auch mit Kindern noch einen effektiven Dienst haben kann, hat mich als junge Mutter immer wieder beschäftigt. Damals las ich die Biographie des Gründers von JMEM, Loren Cunningham, »Bist du es Herr?«. Mir fiel auf, dass sein großes und selbstver-

ständliches Gottvertrauen etwas mit dem Vorbild seiner Eltern zu tun hatte. Kurz darauf bekam ich die Gelegenheit Lorens Eltern kennenzulernen. Obwohl schon in ihren Siebzigern, beeindruckten sie mich als feurige Prediger, die sich ihr Leben lang für die Sache Gottes eingesetzt hatten. Ein Gedanke ließ mich nicht mehr los: »Ihren Sohn zu prägen war wahrscheinlich das wichtigste, was dieses Paar für das Reich Gottes geleistet hat. Was ich in meine Kinder investiere, ist eine Investition ins Reich Gottes, auch wenn ich nicht die Massen erreiche.«

Mit damals drei kleinen Kindern war es mir nur begrenzt möglich, mich im Gemeinschaftsleben einzubringen. Gottesdienste erlebte ich hauptsächlich hinter der Glasscheibe des Kinder-Raumes. Weil ich die Struktur der gemeinschaftlichen Gebetszeiten nicht nutzen konnte, wurde es noch wichtiger, meine persönliche Beziehung mit dem Herrn zu pflegen. Ich musste selbst die Initiative ergreifen und nach Gelegenheiten Ausschau halten, an denen ich an einer Gebetsgruppe oder in einer Anbetungszeit teilnehmen konnte, und sie dann auch mit ganzem Herzen nutzen. Denn in dieser Phase ging es tatsächlich ums Herz – innerlich beteiligt zu bleiben am Auftrag Gottes und den Weg mitzugehen, den er uns als Gruppe führt, statt ins Abseits zu geraten und gegenüber der Gemeinschaft kritisch und zynisch zu werden. Diese innere Verbundenheit machte es dann einfach, entstehende Freiräume zu nutzen und wieder mehr Aufgaben zu übernehmen.
Ich habe entdeckt, dass es auf meine Perspektive ankommt, Dienst und Familie nicht als Gegensatz zu sehen. Der Missionsbefehl, den Jesus seinen Jüngern gegeben hat, betrifft auch mich, weil ich zu seinen Jüngern heute gehöre. Für mich als Mutter sind meine Kinder die Menschen, für die ich zuerst zuständig bin, sie »zu Jüngern zu machen«. Meine Familie ist ein wesentlicher Teil meines Dienstes. Hier bin ich nicht ersetzbar. Aber mein Mandat ist damit nicht zu Ende. Ich gehöre nach wie vor zu einem globalen Team mit einem Auftrag, der schon seit vielen Generationen aktuell ist. Dieser Auftrag gilt auch für uns als Familie. Mir ist wichtig, dass sich auch unsere Kinder damit identifizieren und dabei ihre Bestimmung entdecken.

Um im täglichen Kleinkram die Perspektive zu behalten, hat mir der Gedanke geholfen, meine Familie als Einsatzteam zu sehen und mich selbst als Leiter, bzw. Co-Leiter. Wenn ich ein Team zu leiten habe, verfolge ich einen bestimmten Auftrag, der über das Team hinaus geht. Trotzdem ist das Wohlergehen des Teams ein wesentlicher Aspekt meiner Verantwortung. Ich muss die Bedürfnisse der Teammitglieder im Auge haben und dafür sorgen, dass es jedem gut geht. Wird zum Beispiel jemand krank, werde ich dafür sorgen, dass er zum Arzt kommt. Gibt es Konflikte im Team, muss ich mich darum kümmern, dass sie bearbeitet werden, damit das Team effektiv sein kann. Genauso bin ich für mein Familien-Team verantwortlich. Dabei ist die ständige Aufgabe, auf die gesunde Balance zu achten: Gut für meine Kinder sorgen, damit sie sicher wissen: »Ich bin wertvoll und wichtig!« und ihnen zutrauen und manchmal auch zumuten, dass sie Teil unseres Dienstteams sind, das nach außen gerichtet ist. Sie sollen nicht den Eindruck gewinnen, die Welt drehe sich um *sie. Wenn sie als Erwachsene ihr Leben in der Haltung gestalten: »Ich bin gesegnet und deshalb will ich ein Segen sein«, dann war ihre Zeit im Familienteam ein Erfolg.*

Als Familienteam Veränderungen bewältigen

Manches Mal erlebte unser Familienteam drastische Veränderungen, z.B. Umzüge. Wir hatten zu einer relativ kleinen JMEM-Gemeinschaft gehört. Anstelle von Onkel, Tanten und Großeltern hatten unsere Kinder viele älterer Freunde. Wie stolz war unsere Tochter Annegret (damals sechs Jahre), als sie einige Mitarbeiter mit ins Schwimmbad nahmen. Diese wunderbaren Freunde bestätigten und ermutigten sie und waren großartige Vorbilder, an denen sie sich orientierte.

Als wir diese Gemeinschaft verließen und uns einem großen Zentrum in Südamerika anschlossen, wurde diese Vertrautheit zum Problem. Plötzlich waren wir von vielen Menschen umgeben, die wir (noch) nicht kannten. Jetzt mussten wir unseren Kindern beibringen, dass nicht alle automatisch unsere Freunde sind und sie zum Beispiel nicht einfach mit anderen nach Hause gehen oder in ihr Auto einsteigen dürfen.
Die Kinder lernten in diesen Jahren, sich auf verschiedenartige Menschen einzustellen. Als wir nach Deutschland zurück kamen und sie in öffentlichen Schulen Fremdsprachen lernen mussten, kam ihnen zugute, dass sie eine andere Kultur kennengelernt hatten und gewohnt waren verschiedene Sprachen zu hören. Andererseits mussten sie jetzt damit klar kommen, dass bei den jungen Leuten hier manche Dinge einen hohen Stellenwert hatten, die ihnen bislang völlig unwichtig waren, z.B. die aktuelle Mode. Umgekehrt stießen Dinge auf Unverständnis, die ihnen viel bedeuteten, z.B. Freunde in fernen Ländern. Es war nicht einfach, die Veränderungen zu bewältigen, und es gab schmerzhafte Erfahrungen zu verarbeiten.

Unsere drei Großen sind inzwischen erwachsen. Hin und wieder ergeben sich kostbare Gespräche, in denen wir die Familienjahre im Rückblick betrachten. Es waren wertvolle Jahre, in denen unser Familienteam geprägt und erprobt wurde, und in denen wir Menschen begegneten und Erfahrungen sammelten, die wir nicht missen möchten.

Annegret (23 Jahre) berichtet aus ihrer Perspektive

Mein Leben als Teil einer Missionarsfamilie empfand ich als aufregend und abwechslungsreich. Umzüge, Flugreisen, Menschen aus aller Welt begegnen – all das gehörte selbstverständlich dazu. Ich hatte kein Problem damit im Ausland zu leben, hatte auch nie das Gefühl aus meiner gewohnten Umgebung gerissen zu werden. Mein Zuhause, meine Familie, war ja immer mit dabei. Auch JMEM habe ich als große Familie gesehen, in der ich mich geborgen fühlen durfte.
Die Schwierigkeiten begannen, als wir aus Südamerika zurückkamen und ich in eine öffentliche Schule kam. Bisher war ich von meiner Mutter unterrichtet worden und hatte

eine Dorfschule mit nur einer Klasse für alle Altersstufen besucht. Es fiel mir sehr schwer, mich jetzt in eine so große Schule zu integrieren.

Die Erfahrungen, die ich gemacht hatte, ließen mich die Welt anders sehen als meine Altersgenossen. Außerdem wusste ich viel – was mich bei meinen Klassenkameraden nicht gerade beliebt machte. Meine Naivität und meine Offenheit gegenüber allen Menschen wurden für mich zum Problem. Ich machte auch keinen Hehl aus meinem Glauben und sagte offen was ich dachte. Außerdem legte ich, im Gegensatz zu meinen Mitschülern wenig Wert auf Modetrends und kleidete mich so, wie es mir gerade gefiel. In Chile war meine Kleidung nie Stein des Anstoßes gewesen – im Gegenteil, ich hatte mehr zum Anziehen als viele andere in meinem Alter. Doch hier war ich einfach »anders und seltsam« und wurde zur Zielscheibe von Spott und Ablehnung. Diese Zeit war sehr schwer für mich. Trotzdem war mir bewusst, dass mich diese Kids nur deswegen verspotteten, weil sie nicht nachvollziehen konnten, was ich erlebt hatte, wie ich dachte und geprägt war. Es war mir auch nicht so wichtig, dass wir weniger Spielzeug oder Kleidung hatten als sie, weil ich wusste, dass wir nach anderen Prioritäten lebten. Dies gab mir genug Selbstbewusstsein um nicht zu verzweifeln.

Im Rückblick bin ich dankbar für die Werte und Perspektiven, die ich mitbekommen habe. Ich schätze den Reichtum der Kulturen und Sprachen, die Beziehungen zu Menschen in der ganzen Welt, und ich habe das sichere Wissen, bei Gott zuhause zu sein. Er heilt die Wunden und macht selbst aus den negativen Erfahrungen etwas Gutes.

Georg und Christine Schubert sind seit 1977 (bzw. 1979) Mitarbeiter bei JMEM Deutschland, davon 3½ Jahre in Chile. Heute leben sie in Mittelfranken und sind Teil des JMEM-Familiendienstes. Sie haben vier Kinder im Alter zwischen 14 und 23 Jahren.

Dr. Carsten und Christine Müller –
Familie, Beruf und Dienst – mit einer guten Planung kriegen wir es hin

Manchmal fühlen wir uns wie ein Jongleur im Zirkus. Mit drei Kindern, davon eines im Kleinkindalter, dem Beruf des Mannes und der Leitung der JMEM-Arbeit in Frankfurt, müssen wir oft eine Menge Bälle gleichzeitig in der Luft halten und gut aufpassen, dass keiner herunterfällt. Carsten hat das Privileg, als Arzt Teilzeit zu arbeiten, und zwar meistens nachts und am Wochenende, so dass der Papa wochentags oft anwesend und auch dann Qualitätszeit möglich ist. Mit einer guten Planung kriegen wir es hin, als Familie glücklich zu sein und recht stabile Familienbande zu haben. Ein paar Dinge helfen uns in unserem Familienalltag:

Es gibt ein paar **heilige Rituale**, *auf deren Einhaltung wir achten:*
- *Das gemeinsame Segensgebet am Morgen, bevor die Kinder das Haus in Richtung Schule oder Kindergarten verlassen.*
- *Mindestens eine gemeinsame Mahlzeit am Tag mit gegenseitigem Erzählen.*
- *Die Zubettgeh-Zeit, bei der jedes Kind einzeln exklusiv Zeit und Aufmerksamkeit bekommt.*

Wir versuchen kreativ zu sein und verschiedene Lebensbereiche miteinander zu kombinieren. Zum Beispiel Familienzeit, Urlaub und missionarischen Einsatz: Wir nennen es unsere »Holydays«. Mit verschiedenen Familien und Singles gehen wir im Sommer zwei Wochen an die See, haben zwei bis drei »Einsatztage« pro Woche, an denen wir ein evangelistisches Kinderprogramm veranstalten. An den übrigen Tagen machen wir als Familie Urlaub oder genießen die Gemeinschaft mit den anderen Holydays-Teilnehmern. Am Ende sind alle glücklich. Die Kinder finden gerade die Einsatztage klasse, weil dann »richtig was passiert« und sie ihrem Alter gemäß in die Verantwortung einbezogen sind.

Auch zu Hause gestalten wir missionarische Aktivitäten so, dass die Kids dabei sein können. Beim Einsatz im Altenheim, zum Beispiel, sind die Kinder mit ihrem Beitrag für die Senioren immer der absolute Hit.

Natürlich sind wir als Familie im Dienst nicht so effektiv, wie wir es ohne Kinder sein könnten. Die Kinder brauchen immer wieder exklusive Zeiten im geschützten Familienrahmen. Dennoch ist es möglich Abenteuer mit Gott zu erleben.
Als unsere Ältesten zwei und drei Jahre alt waren, flogen wir als Familie für sechs Wochen auf die Philippinen zu einem missionarischen Einsatz. Noch heute erzählen die Kinder begeistert davon. Wir waren erstaunt, wie unkompliziert sie sich den Gegebenheiten anpassten. (Allerdings war für uns Eltern der Langstreckenflug ziemlich stressig). Schon der Umstand, dass wir als intakte Familie vor Ort waren, war ein Zeugnis. In den Slums jagten unsere Kinder Ziegen und sorgten alleine durch ihre unkomplizierte Art und ihre blonden Haare für einen Menschenauflauf. Als wir dann von Jesus erzählten, hatten wir eine Menge interessierter Zuhörer.

Unsere Erfahrung ist, dass regelmäßige intensive Familienzeiten, selbst wenn sie manchmal kurz sind, allen Familienmitgliedern eine starke Sicherheit geben und das Leben lebbar und genießbar machen – ob im Alltagsdschungel oder im Urwald in Übersee.

Dr. Carsten und Christine Müller leiten die Arbeit von JMEM-Frankfurt. Zusammen mit ihren 3 Kindern leben sie in Frankfurt, wo Carsten ausserdem in Teilzeit als Notarzt arbeitet.

Liebe braucht eine Sprache
von Georg und Christine Schubert

Starke Familien drücken einander Wertschätzung aus und kommunizieren gut. Diese Aussage ist Teil der am Anfang erwähnten Langzeitstudie von Dr. Nick Stinnet, University of Alabama.
In der letzten Einheit sprachen wir darüber, dass jeder Mensch das tiefe Bedürfnis hat, angenommen und geliebt zu sein, und wir stellten fest, dass »unser emotionaler Tank« gefüllt wird, wenn wir uns geliebt wissen.

Wie wissen wir, dass wir geliebt sind?

Wir empfangen dieses kostbare Wissen über Kommunikation. Über Worte und Zeichen wird uns vermittelt, dass wir für jemanden wichtig sind und er uns wertschätzt. Der Begriff »Wertschätzung« beinhaltet »Wert« und »Schatz«. Jeder Mensch ist eine von Gott geschaffene ewige Person. Schon deshalb ist er unermesslich wertvoll. Gott hat diesen Wert noch dadurch unterstrichen, dass er das Leben seines Sohnes in die Waagschale geworfen hat, um mit dem Menschen wieder Gemeinschaft haben zu können, obwohl dessen Rebellion dies verwirkt hatte. Der Herr trägt uns auf, einander diesen Wert zu bestätigen.
Römer 12,10 *»Liebt einander von Herzen ... und ehrt euch gegenseitig in zuvorkommender Weise.«*

**»Wertschätzung«
beinhaltet
»Wert« und »Schatz«**

Liebe muss ankommen

Wenn jemand heiratet, erklärt er öffentlich, dass sein Partner die wichtigste und wertvollste Person für ihn ist. Ihr vertraut er, und mit ihr will er gemeinsam die Zukunft gestalten. Gott überträgt Eltern einen Teil seiner Schöpferkraft. Mit einem Kind vertraut er ihnen einen weiteren kostbaren Schatz an. Als Eheleute und Eltern haben wir das Privileg und die Pflicht, die uns anvertrauten nächsten Menschen zu lieben. Denn Liebe ist nötig, um die Persönlichkeit entfalten zu können. Damit sich aber jemand geliebt fühlt und sein emotionaler Tank gefüllt wird, muss die Liebe auch bei ihm ankommen.

Dr. Gary Chapman stellt fest, dass Menschen auf unterschiedliche Weise verstehen, dass sie wert geachtet und geliebt sind. Er spricht von unterschiedlichen Liebessprachen. Es kann sein, dass mein Partner oder mein Kind auf eine etwas andere Weise Liebe erfährt als ich. In diesem Fall muss ich eine »Fremdsprache« lernen, um den emotionalen Tank meines Partners oder Kindes effektiv zu füllen. Die Mühe lohnt sich, damit wir nicht »aneinander vorbeireden« und die Wertschätzung, die wir für den anderen empfinden, auch bei ihm ankommt.

> **Damit Liebe auch ankommt, kann es nötig sein, eine »Fremdsprache« zu erlernen.**

Dr. Chapman definiert fünf verschiedene Liebessprachen

Lob und Anerkennung. Wer diese Sprache versteht, muss gute Worte hören. Worte der Anerkennung, des Dankes und Komplimente füllen seinen emotionalen Tank schnell. Dabei ist auch der Tonfall von Bedeutung. Wenn etwas Ermutigendes grob oder barsch gesagt wird, kommt es leicht als Kritik an. Worte haben Macht. Sie können verletzen und beschämen (»du Versager!«), oder sie können aufbauen, ermutigen und den Selbstwert stärken (»Das hast du gut gemacht!« »Ich bin stolz auf dich!«) Geburtstage und andere Feiern sind besondere Gelegenheiten um Wertschätzung auszudrücken. Marion Warrington (Musikerin) hat sogar für jedes ihrer Kinder ein Lied geschrieben.

Zweisamkeit – Zeit nur für dich. Für Menschen mit dieser Liebessprache ist die Qualität der gemeinsamen Zeit wichtig. Sie schätzen die ungeteilte Zuwendung, das echte Interesse, das sich u.a. im Zuhören ausdrückt. Aber auch gemeinsame Erlebnisse können effektiv den emotionalen Tank füllen, z.B. ein Spaziergang zu zweit, eine gemeinsame Mahlzeit, sogar Arbeit, wenn dabei die Gemeinsamkeit gegeben ist. Menschen, deren Liebessprache Zweisamkeit ist, können emotional verhungern, wenn der Partner kaum mit ihnen spricht.

Geschenke, die von Herzen kommen. Ein Geschenk sagt Menschen, die diese Sprache verstehen: »Der Geber hat an mich gedacht.« Das Geschenk ist der sichtbare Beweis seiner Zuwendung. Dabei kommt es nicht auf den materiellen Wert an. Wichtig sind die liebevollen Gedanken, die damit vermittelt werden. Diese Leute schenken selbst gerne und verpacken ihre individuellen Geschenke kreativ und mit viel Liebe. Wenn der Partner oder das Kind diese Liebessprache versteht, ist Geld für Geschenke gut investiert. Schenken gehört zum Kern der Liebe. Gott schenkte uns sein Bestes, seinen Sohn.

Hilfsbereitschaft, d.h. anderen unter die Arme greifen und sich einsetzen, wenn Unterstützung nötig ist. Menschen, die diese Sprache sprechen, machen das Anliegen des anderen zu ihrem eigenen. Die Liebessprache der Hilfsbereitschaft zu erlernen, kann für einige bedeuten, klischeehafte Rollenvorstellungen über Bord zu werfen. Dr. Chapman erzählt, dass er regelmäßig zuhause staubsaugt, obwohl er diese Arbeit nicht mag. Er tut es trotzdem, weil seine Frau es als Liebesbeweis versteht.

Zärtliche Berührung. Kinder brauchen zärtliche Berührungen, um seelisch gesund aufzuwachsen. Für manche Kinder und Erwachsene sind sie geradezu lebensnotwendig. Sie fühlen sich ohne liebevolle Berührung ungeliebt. Zärtlichkeiten im Alltag sind für diese Menschen sehr bedeutsam, z.B. eine Hand auf ihrer Schulter, eine Umarmung, Händehalten beim Spazierengehen, übers Haar streichen. Jeder kurze Kuss und jede flüchtige Umarmung beim Kommen und Gehen spricht Bände, wenn es zärtlich gemeint ist. Fantasie ist gefragt.

Mit der richtigen Liebessprache folgenschwere Missverständnisse vermeiden

Das Gegenteil von dem, was wir als »Liebe« verstehen, wird als Ablehnung oder Zurückweisung empfunden. Wer zum Beispiel Lob und Anerkennung braucht, empfindet Kritik schnell als Ablehnung. Derjenige, der Hilfeleistung versteht, fühlt sich abgelehnt, wenn sein Gegenüber auf seine Bitte um Unterstützung nicht reagiert. Wer vergeblich auf ein Geschenk wartet, versteht: »Ich bin es nicht wert, dass für mich Geld ausgegeben wird«. Wer Zärtlichkeit braucht, hungert emotional, wenn er keine Berührungen bekommt. Und wer die Liebessprache der Zweisamkeit versteht, leidet, wenn die Zeiten der ungeteilten Aufmerksamkeit allzu knapp bemessen sind.

Wenn wir verstehen, in welcher Form Liebe am effektivsten ankommt, können wir uns darauf einstellen. Zum Beispiel bot mir (Christine) meine Tochter an, beim Hausputz zu helfen. Ihre Liebessprache ist Zweisamkeit, meine ist Hilfeleistung. Ich fühlte mich durch ihr Angebot wirklich geliebt und geachtet. Als ich jedoch vorschlug, sie könnte im unteren Stockwerk die Fenster putzen, während ich mir im oberen die Fußböden vornehmen wollte, wehrte sie heftig ab: »Nein, ich will doch mit dir zusammen sein!« Also machten wir alles gemeinsam. Der Hausputz wurde erledigt, und es ging uns beiden gut.

Liebe meint den anderen

Was macht man, wenn einem die Liebessprache des Partners absolut nicht liegt? Man gibt dem anderen trotzdem was er braucht, damit er sich geliebt weiß und sein emotionaler Tank gefüllt wird. Zu lieben ist eine Aktion, zu der ich mich entschließe. Es geht um den anderen, nicht um mich. In einer gesunden Ehe besteht die Hoffnung, dass der Partner dasselbe für mich tut. Manchmal werde ich ihm sagen müssen, was ich mir wünsche. Aber fordern kann ich es nicht. Die Bitte zeigt der Liebe den Weg, die Forderung dagegen schneidet ihr den Weg ab. Liebe ist immer ein Geschenk.
Im Umgang mit unseren Kindern ist ihr gefüllter Liebestank die beste Grundlage für Erziehung. Mit leerem Tank ist ein Kind leicht aufsässig und missmutig. Fühlt sich ein Kind geliebt, ist es offen, willig und zuversichtlich.

Übrigens, auch in punkto Wertschätzung sind Eltern das Modell, an dem sich Kinder orientieren. Ein respektvoller Umgang mit anderen, z.B. mit den Großeltern, ist auch deshalb wichtig.

> Die Bitte zeigt der Liebe den Weg, die Forderung schneidet ihr den Weg ab.

Arbeitsblatt: Fünf Sprachen der Liebe

Name: _______________________________

(Die letzten Spalten können genutzt werden, um die anderen Familienmitglieder hinsichtlich ihrer Liebessprache einzuschätzen).

Welche Sprache ist für Dich die wichtigste, welche die unwichtigste?
Bitte bilde eine Rangfolge:

Liebessprache	Welchen Ausdruck der Zuneigung schätze ich von Anderen am meisten?	Wie drücke ich gerne Anderen meine Zuneigung aus?	ich			
Lob und Anerkennung						
Zweisamkeit						
Geschenke						
Hilfs- bereitschaft						
Zärtliche Berührung						

Die Liebessprache des Partners bzw. Kindes herausfinden

1. Versuch und Irrtum. Wir können die verschiedenen Sprachen ausprobieren und auf die jeweilige Reaktion achten. Was tut ihm gut? Was kommt an, bzw. was kommt nicht an?
2. Die Person fragen: »Was wünscht du dir von mir? Womit könnte ich dir eine Freude machen?« Ich muss vom anderen erfahren, was er als liebevoll versteht. Es geht um ihn, nicht um mich.
3. Aufmerksames Hinhören. Worüber beklagt er sich? Was vermisst er? (Kritik, keine Zeit, vergessenes Geschenk, fehlende Streicheleinheiten, keine Hilfe).

Kommunikation überbrückt Unterschiedlichkeit

Die Beziehung zwischen Mann und Frau, Eltern und Kindern, Großeltern und Enkeln können die kostbarsten zwischenmenschlichen Beziehungen im Leben sein. Die Beziehungen zu unseren Geschwistern sind häufig die längsten unseres Lebens. Beziehung geschieht durch Kommunikation. Worte, die im Vertrauen und in Liebe gesprochen werden, bauen eine gute Beziehung, ebenso wie liebevolle Gesten, ein freundlicher Gesichtsausdruck und ein warmer Ton in der Stimme. Mit Kommunikation überbrücken wir unsere Unterschiedlichkeit und bekommen Anteil aneinander. Kommunikation ist im Wesen Gottes verankert. Seit Ewigkeit kommuniziert er in der Dreieinigkeit. (»Und Gott sprach: Lasst uns Menschen machen!« 1. Mose 1, 26). Er hat uns in seinem Bild geschaffen und uns zum Dialog befähigt. Immer wieder fand er Menschen, denen er seine Gedanken, Motivation und Pläne offenbarte, und er möchte, dass auch wir mit ihm sprechen.

Wie funktioniert Kommunikation?

Eine Person wendet sich der anderen zu. Sie offenbart etwas von sich und ermöglicht so dem Gesprächspartner sie kennen zu lernen. Wenn wir Gemeinschaft und emotionale Nähe erleben wollen, müssen wir etwas von uns preisgeben. Das ist riskant, deshalb brauchen wir die Sicherheit, dass der andere uns annimmt. Und es braucht Offenheit und Demut (den Mut, als der bekannt zu sein der man ist). Was in mir vorgeht können andere nur erfahren, wenn ich es mitteile. Wie bei einer mittelalterlichen Festung muss ich die Zugbrücke herunterlassen und den anderen einladen, das Innenleben meiner Burg kennen zu lernen. Parallel dazu wendet sich auch der Gesprächspartner der Person zu, die sich ihm öffnet. Er empfängt das Anvertraute und gibt ihr zu verstehen, dass er das Gehörte achtet und annimmt.

Dieses »sich öffnen« und »angenommen werden« beginnt mit dem Gespräch über die banalen alltäglichen Dinge. Über das Austauschen von Erlebnissen geht es weiter, bis dahin, dass wir einander Empfindungen und Gefühle offenbaren, mitteilen was uns motiviert, was uns glücklich und was uns traurig und zornig macht. Je tiefer dies gelingt, desto größere Erfüllung erleben wir. Wir Menschen haben das tiefe Bedürfnis verstanden zu werden. Wir fühlen uns der Person nahe, die uns versteht. Verstehen gehört zu den kostbaren Dingen, die wir geben, aber nicht fordern können.

Matth. 7,12 Alles nun, was ihr wollt, dass euch die Menschen tun sollen, das tut ihr ihnen auch! (Dieser Vers wird auch die goldene Regel genannt).

Menschen haben das tiefe Bedürfnis verstanden zu werden.

Zuhören – ein kostbares Geschenk

Wie können wir einem anderen, und besonders den engsten Angehörigen, dieses kostbare Geschenk geben? Indem wir aktive Zuhörer sind. Dazu brauchen wir erstens ein offenes Ohr. Ungeteilte Aufmerksamkeit zeigt das Interesse am Gegenüber. Zweitens, werden wir die Gedanken, die der Gesprächspartner von sich preisgibt »nach-denken«, d.h. wir versuchen nachzuvollziehen was er erlebt hat. Manchmal ist es nötig, gedanklich den eigenen Standpunkt zu verlassen und die Sache von seinem Blickwinkel zu betrachten. Dies ist besonders wichtig, wenn wir einen Konflikt haben. Es bedeutet nicht, die eigene Meinung aufzugeben, sondern sie für kurze Zeit beiseite zu legen, um die des anderen zu verstehen. Anschließend wird Gelegenheit sein, die eigene Sichtweise zu erklären. Der Schlüssel liegt darin, den anderen verstehen zu wollen.

Den anderen verstehen wollen!

Beim Gesprächspartner landen können

Der dritte Schritt heißt »Rückmeldung geben«. Für denjenigen, der tiefe Gedanken und Gefühle mitgeteilt hat, ist es wichtig zu wissen, dass er angekommen und angenommen ist.

Georg berichtet: »Während ich meiner Frau etwas erzählte, was mich sehr beschäftigte, bemerkte ich, dass sie unruhig wurde. Ihre Körperhaltung gab mir zu verstehen: »Lass mich endlich in Ruhe. Ich muss jetzt arbeiten!« Ich hatte nicht bemerkt, dass ich schon zum dritten Mal das Gleiche erzählte, weil ich das Gefühl hatte, sie hätte mich nicht verstanden. Plötzlich sagte sie: »Lass mich mal kurz zusammenfassen, was bei mir angekommen ist.« Nachdem sie mit wenigen Sätzen meine Aussagen wiedergegeben hatte, spürte ich beinahe körperlich, wie sich meine Seele entspannte. Ich kam mir vor wie ein Flugzeug, das einige Warteschleifen gedreht hatte und endlich landen konnte.

Rückmeldung geben!

Das Wichtigste zusammenzufassen bewirkt, dass sich der Sprecher geachtet und verstanden weiß. Außerdem hilft es dem Zuhörer konzentriert zuzuhören. Missverständnisse werden sofort aufgespürt und geklärt. Selbst wenn wir einen Konflikt haben, bleibt das Gespräch sachlich und wir verletzen einander nicht.

Wir lernen hauptsächlich in der Familie wie man kommuniziert. Gelegentlich stellen wir fest, dass wir hier und da umlernen müssen, um der Ehepartner oder der Vater / die Mutter sein zu können, den der Partner oder das Kind braucht. Gute Kommunikation kostet Zeit und passiert nicht automatisch. Starke Familien arbeiten daran, werten aus und bleiben dran.

Ebenen der Kommunikation

Gemeinschaft leben und miteinander kommunizieren kann man
mit dem Wohnen in einem Haus mit verschiedenen Stockwerken
vergleichen.

Haus der Kommunikation
von Don Kirkby

Anregung zum Elterngespräch

- In welchem Stockwerk des Hauses der Kommunikation halten wir uns als Ehepaar / Familie vorwiegend auf?
- Welche Prägung haben wir mitbekommen? Wie und auf welchen Ebenen wurde in unseren Herkunftsfamilien kommuniziert? Was wollen wir übernehmen, was wollen wir anders machen?
- Welche Ebenen der Kommunikation sollten wir ausbauen?
- Was wollen wir uns **konkret** vornehmen, um unsere Kommunikation zu vertiefen und einander noch besser unsere Wertschätzung zu zeigen? (z.B. Zeiten für das Ehe-Gespräch festlegen, an einem Ehe-Workshop teilnehmen, als Familie ein Buch über Wertschätzung oder Kommunikation lesen).

Anregung für die Gesprächsrunde

Wie können wir Wertschätzung in der Familie zum Ausdruck bringen? (auf Flip-Chart sammeln)

Beispiele:

- Worte der Wertschätzung auf Karten, im Brief; Willkommensschild an der Tür nach einer Dienstreise, Briefchen auf dem Kopfkissen (»Mama, ich hab dich lieb!«); »Lobe-Wand« einrichten (Pinwand, an die jedes Familienmitglied Zettel mit Ermutigungen für die anderen hängen kann).
- Einladung zum Ausgehen (Essen, Kino, Konzert), Unternehmungen zu zweit (Wandern, Schwimmen, Schaufensterbummel), ein gemeinsames Arbeitsprojekt (Zimmer streichen, Unkraut jäten, Weihnachtsplätzchen backen), Vorlesen, Schach spielen.
- Lieblingsschokolade (-lakritze, -bonbons), Mitbringsel von der Reise, Blumen (auch Töchter freuen sich über eine Rose), Lieblingsgericht.
- Kuscheln, Toben, Massage, Friseursalon spielen, Maniküre, Schminken, Tanz-Abend.

> • Praktische Unterstützung bei schwierigen Aufgaben oder bei Arbeitsdruck (Staubsaugen, Spülmaschine ausräumen, Behördengang abnehmen, beim Gedichtlernen helfen; Geburtstagsparty organisieren).

Empfehlung zum Abschluss dieser Einheit

Gebetsrunde mit Schwerpunkt: »Dank für meinen Ehepartner, meine Kinder«, für liebevolle Beziehungen in unserer Familie.

Aktion für die Familie »Eine Lobe-Wand anfertigen«

Schafft euch als Familie eine »Lobe-Wand« (Pinwand oder Tafel) an, auf der jedes Familienmitglied für die anderen aufschreiben kann, wofür es sich bedankt oder was es lobt, zum Beispiel:

* »Anne, deine Hilfe beim Putzen hat mir so gut getan, danke!«
* »Danke, Mama, für das tolle Essen heute!«
* »Uwe, du hast heute deine Hausaufgaben selbstständig und flott erledigt. Super!«

Die »Lobe-Wand« kann etwas Dauerhaftes sein. In der Einführungswoche sollte jedes Familienmitglied mindestens einmal am Tag eine Ermutigung für ein anderes Familienmitglied aufschreiben.

Zur Vertiefung

Dr. Gary Chapman: »Die fünf Sprachen der Liebe –
Wie Kommunikation in der Ehe gelingt«, Verlag der Francke Buchhandlung
Dr. Gary Chapman: »Die fünf Sprachen der Liebe – für Teenager«,
Verlag der Francke Buchhandlung
PePP-Eheworkshop: »Ehebereicherung« (20 Stunden-Kurs für Paare),

www.beziehungsbereicherung-mit-pepp.de

Ros und Mike Oman – **Prioritäten, Naivität oder Vertrauen und das Gefühl in einem Goldfischglas zu schwimmen**

Ros schreibt: Was ist wirklich wichtig?
Als wir 1980 mit unserer Arbeit als Missionare begannen, gehörte »Familie im Reich Gottes« zu den Dingen, die Gott uns zuerst beibrachte. Uns wurde klar, dass wir keine Autorität haben, anderen Prinzipien für gesunde Beziehungen weiter zu geben, wenn sie nicht in unserer Familie funktionierten. Die Familie ist unsere erste Priorität. Die Welt für Christus zu gewinnen und dabei die eigene Familie zu verlieren, schien uns keinen Sinn zu machen. So entschlossen wir uns, unseren Lebensstil so einzurichten, dass er unserer Überzeugung entspricht. Ein Sprichwort lautet: »Sage mir womit du deine Zeit verbringst, und ich sage dir, was dir wirklich wichtig ist«. Wenn man in Gemeinschaft lebt, kann es leicht passieren, dass unsere Kinder das Gefühl bekommen am Rand zu stehen, weil wir ständig von anderen Leuten gefordert werden. Wir müssen ihnen zeigen, dass sie uns wichtig sind.
Deshalb planten wir jeden Tag eine besondere Familienzeit ein (nach der Arbeit – bevor die Kinder zu Bett gingen). In dieser Zeit pflegten wir bewusst unsere Beziehungen, sprachen über die Zukunft, vermittelten Wahrheit und Werte. Wir spielten zusammen, hatten Spaß miteinander und es ergaben sich offene Gespräche. Als wir unseren neuen Lebensstil einführten, verbrachte ich sowieso täglich vier Stunden damit unsere Kinder zu unterrichten. Deshalb meinte ich, unsere Familienzeit für andere Dinge nutzen zu können. Mein Sohn fand das gar nicht gut und sagte: »Ich will nicht nur eine Lehrerin, sondern eine Mama!« Es tat mir gut zu entdecken, dass die Kinder den Unterschied zwischen Beziehung und Pflicht kennen.

Wem kann ich die Kinder anvertrauen?
Als wir in Südafrika die Jüngerschaftsschule besuchten, waren unsere beiden Kinder zwei Jahre und acht Monate alt. Mütterlich veranlagte Studenten waren immer gern bereit auf unsere Kinder aufzupassen. Damals war ich leider keine weise Mutter. Ich war recht naiv und dachte: »Wir wohnen in einem christlichen Umfeld – jeder ist vertrauenswürdig.« Manchmal wussten wir nicht einmal, wer unsere Kinder gerade hatte, und wir mussten sie über die Zentrale ausrufen lassen. Wenn ich jetzt darüber nachdenke, ist mir klar was alles hätte schief gehen können, und ich bin Gott dankbar für seine Bewahrung. Die Tatsache, dass wir in einer Gemeinschaft leben, heißt noch lange nicht, dass unsere Kinder

gut aufgehoben sind. Wir sollten sie nur Menschen anvertrauen, die wir gut kennen und denen wir vertrauen können. Und wir sollten immer wissen, wo sich unsere Kinder aufhalten und wen sie zum Beispiel gerade besuchen. Wir Eltern tragen die Verantwortung zu entscheiden, von wem und von welchen Werten unsere Kinder geprägt werden.

Das Gefühl, im Goldfischglas zu schwimmen

Als Familie im Dienst werden wir ständig beobachtet, besonders wenn es um die Kindererziehung geht. Diese Erfahrung kennen vermutlich alle, die schon längere Zeit im Dienst stehen. Es gibt immer jemanden, der nicht damit einverstanden ist, wie man die Sache angeht. Ich lernte schnell, dass ich meine Standards nicht von anderen Menschen bestimmen lassen kann. Eine Familie braucht feste Regeln, und jeder muss die Grenzen kennen. Vereinbarte Konsequenzen für ein Fehlverhalten müssen zuverlässig eintreffen, selbst wenn andere Menschen es mitbekommen sollten.

Als wir im JMEM-Zentrum von Zimbabwe mitarbeiteten, gab es dort eine Familie, deren Kinder im gleichen Alter waren wie unsere. Eines Tages bemalten ihre und unsere Kinder gemeinsam unerlaubterweise die Wände und waren dabei sehr kreativ. Es war das erste Mal, dass meine Kinder so etwas machten. Ihnen war nicht bewusst, dass sie etwas Verbotenes taten. Mike und ich sprachen mit unseren Kindern über den Vorfall, erklärten ihnen, dass sie dies nicht tun dürften und dass eine Strafe folgen würde, falls es noch einmal vorkommen sollte. Dann gingen wir mit ihnen »zum Tatort«, um gemeinsam den Schaden zu beseitigen. Die anderen Eltern ärgerten sich über uns, weil wir unsere Kinder nicht bestraft hatten. Sie setzten uns unter Druck, unsere Kinder entsprechend ihren Regeln zu behandeln. Es war nicht einfach, diesem Druck nicht nachzugeben. Aber uns war klar, auf lange Sicht würde es zu Widersprüchen in der Erziehung führen, wenn wir uns nach den Regeln anderer richten würden, und dies wäre ein Nährboden für Zorn und Groll in unseren Kindern.

Mike schreibt: Prioritäten richtig setzen – die große Herausforderung der Väter

Nach meiner Erfahrung liegt die große Herausforderung für Väter, die in Leitungsverantwortung stehen darin, ihre Prioritäten richtig zu setzen. Es ist so leicht, die Arbeit höher zu bewerten als die Familie – wenn nicht mit Worten, so doch in der Zeiteinteilung. Wir haben viele junge Mitarbeiter erlebt, die mit Problemen zu kämpfen hatten, weil ihre Väter nicht für sie da waren. Wir lieben unsere Kinder, aber irgendwie scheint es immer einen wichtigen Grund zu geben, der verhindert, diese Liebe durch Zeit und Aufmerksamkeit auszudrücken. Zwei persönliche Erfahrungen sollen veranschaulichen, wie wichtig die richtigen Prioritäten sind.

Für Samstag hatte ich mich mit meiner zehnjährigen Tochter verabredet. Wir wollten zusammen etwas essen und anschließend ins Kino gehen. Ein paar Tage vorher traf ich mich *mit einem Pastor in meinem Büro und fuhr ihn dann mit dem Auto nachhause. Meine Tochter saß auf dem Rücksitz. Unterwegs eröffnete mir der Pastor, dass der Sprecher, der für eine wichtige Konferenz am Samstag eingeplant war, gerade abgesagt hatte, und dass ich die einzige Person sei, die ihn ersetzen könne. Ich sagte ihm, dass ich bereits eine Verabredung habe und deshalb nicht in Frage komme. Er versuchte mich zu überreden meinen Termin zu verschieben, weil diese Konferenz so wichtig sei. Nachdem ich ihm wiederholt erklärt hatte, dass dies nicht möglich sei, wollte er wissen, welch wichtigen Termin ich denn wahrzunehmen hätte. Da erzählte ich ihm, dass ich mit meiner Tochter verabredet bin. Im Rückspiegel sah ich das Gesicht meiner Tochter – mit glänzenden Augen und einem großen Lächeln. Sie wusste, dass sie auf Papas Prioritätenliste ganz oben stand und dass sie sich auf sein Versprechen verlassen konnte.*

Als unsere Kinder auf die Pubertät zusteuerten, hatten wir an jedem Wochentag zwischen 17.30 und 19.30 Uhr unsere Familienzeit. Mit wenigen Ausnahmen reservierten wir diese Zeit für unsere Familie. Wir tollten herum, lasen vor, spielten, redeten, machten Hausaufgaben – was immer im Moment »dran« war. Eines Tages stand gegen 17.45 Uhr ein Pastor vor der Tür. Ros, die verhindern wollte, dass ich in ein langes Gespräch verwickelt werde, ging an die Tür. Der Pastor fragte nach mir, und Ros sagte ihm ich sei beschäftigt und hätte keine Zeit. Das könne nicht sein, erwiderte er, denn er hätte durchs Fenster gesehen wie ich mit den Kindern spiele. Darauf antwortete Ros »Ja, das stimmt, genau damit ist er jetzt beschäftigt.« Der Pastor ging beleidigt weg. Einige Tage später traf ich ihn in der Stadt. Er berichtete, dass er sich anfänglich über mich geärgert hatte, aber dass Gott diese Situation benutzt hatte ihm zu zeigen, dass er die Prioritäten in seiner eigenen Familie anders setzen sollte. Er bedankte sich, dass ich ihm geholfen hatte zu sehen, wie er seiner Familie den richtigen Platz geben kann, anstatt ihnen die Kosten seines Dienstes aufzubürden.

Mike and Ros Oman lebten 40 Jahre in Zimbabwe und haben zwei erwachsene Kinder. 1979 besuchten sie eine Jüngerschaftsschule in Südafrika und bauten anschließend Jugend mit einer Mission in Zimbabwe auf. Außerdem begleiteten sie den Aufbau von JMEM in Mosambik, Sambia und Malawi. 1991 führte Gott die Familie nach Irland, wo sie das JMEM-Zentrum in Closkelt aufbauten und die Arbeit von JMEM-Belfast begleiteten. Vor kurzem haben sie den Dienst an die nächste Leiter-Generation übergeben. Mike gehört weiterhin zum Leitungsteam von JMEM-Westeuropa. Ros unterstützt ihn und engagiert sich in der Elternberatung.

Chris Jani –
Mutter sein kann ich nur einmal!

Wir bekommen keine zweite Chance, unsere Kinder zu erziehen. Wenn sie aus dem Haus gehen, bleibt in den meisten Fällen noch eine Menge Zeit, die wir mit Arbeit und Dienst füllen können. Diese Überlegungen haben mir geholfen, mich in dieser Lebensphase darauf zu konzentrieren Mutter zu sein. Es gibt für mich keinen wichtigeren Job.

Viele Menschen in meinem Umfeld scheinen der Aufgabe »Kinder zu erziehen« eine untergeordnete Priorität zu geben. Für mich ist Elternschaft eine hohe Berufung und der wichtigste Dienst, in dem ich mich derzeit engagieren kann. Was bringt es, wenn ich mich in alle möglichen beeindruckenden Projekte investiere und dabei die prägenden Jahre im Leben meiner Kinder verpasse? Es fällt mir schwer »Nein« zu sagen, wenn ich gebeten werde, hier und da zu helfen. Die Kinder müssen es ausbaden, wenn ich »im Dienst« allzu beschäftigt bin. Die Zeit, in der ich die Gelegenheit habe sie zu prägen, rauscht vorbei.

Eltern sein kostet Zeit und Kraft. Ich betrachte diese Kosten als eine Investition in die Zukunft, die eine hohe Dividende abwerfen wird. Der Ertrag gehört meinen Kindern, meinen Enkeln, ihren Kindern und den folgenden Generationen.
Der Ertrag, den ich zu ernten hoffe, sind gute Beziehungen für den Rest unseres Lebens, die Freude, zu sehen wie meine Kinder Gott lieben, und dass sie sich zu gesunden, glücklichen Persönlichkeiten entwickeln, die mit ihrem Leben die Gesellschaft bereichern.

Manche Leute fürchten, ihren Arbeitsplatz, bzw. ihre berufliche Karriere aufs Spiel zu setzen und wollen sich deshalb nicht zwischen Elternschaft und Job entscheiden. Ich verstehe, dass Alleinerziehende nicht die Möglichkeit haben, zuhause bei ihren Kindern zu sein, auch wenn sie es sich sehr wünschen, und dass manche ums Überleben kämpfen und keine Wahl haben. Wenn man die langfristigen Folgen bedenkt, wenn Kinder hauptsächlich außerhalb des Elternhauses betreut und erzogen werden, muss einem klar sein, dass sie dafür einen hohen Preis bezahlen. Ich wünschte, jedes Kind könnte bekommen, was heutzutage zu einem Privileg geworden ist: Eltern, die es den Großteil der Zeit versorgen, besonders während der frühen Kindheit.
Was bedeutet es für ein Kind, wenn es nicht von seinen Eltern betreut wird? Es verbringt den Großteil seiner ersten Jahre mit Menschen, die kein persönliches Interesse daran haben, dass ein stabiles Fundament in sein Leben gelegt wird und die es meist nicht selbst-

los lieben. Oft müssen sie sich um so viele Kinder kümmern, dass ein einzelnes leicht übersehen wird. Es gibt gute Lehrer und Betreuer, aber sie können nicht ersetzen, was eine liebende Mutter und ein liebender Vater dem Kind vermitteln können: Sicherheit, Annahme, Wert und die Zuversicht, dass eine verheißungsvolle Zukunft vor ihm liegt, in dem es einen wertvollen Beitrag für die Gesellschaft leisten kann.

Wir leben in einem post-kommunistischen Land. Es ist erstaunlich, wie erfolgreich die Kommunisten das Denken der osteuropäischen Völker verändert haben. Ihre wichtigste Strategie war, die Verantwortung der Eltern für die Erziehung ihrer Kinder durch eine ganztägige Kinderbetreuung ab dem Kleinkindalter an den Staat zu übertragen. Auch wenn es Ausnahmen gab, war staatliche Kinderbetreuung die gängige Praxis, weil meist beide Elternteile arbeiten mussten. Die offizielle Weltanschauung prägte die Kinder von Anfang an – mit Erfolg.

Wie leicht geben wir unsere Kinder in die Hände anderer Menschen und erlauben ihnen das Denken unserer Kinder und ihr Wertesystem zu beeinflussen. In 5. Mose, Kapitel 6 wird dargelegt, dass für die Erziehung der Kinder ihre Eltern verantwortlich sind.

Die Bedürfnisse von Kleinkindern sind einfach zu erfüllen. »Einfach« bedeutet jedoch nicht »unbedeutend«. Wenn diese einfachen Bedürfnisse nicht befriedigt werden, kommt es zu tiefen seelischen Verwundungen, die oftmals einen langen und schwierigen Prozess der Heilung erfordern.

Was brauchen kleine Kinder? Wir füllen ihren Liebestank, wenn wir Qualitätszeit mit ihnen verbringen. Wenn wir ihnen zuhören und sie verstehen, zeigen wir ihnen, dass sie geliebt sind. Wenn wir sie in den Arm nehmen und sie liebevoll ansehen, vermitteln wir Liebe und Wert. Sind wir nicht da, wenn sie uns brauchen, können wir das nicht später nachholen. Wer kann einen Vater / eine Mutter ersetzen? Die Freude, die »ersten Dinge« (Lächeln, Worte, Schritte usw.) im Leben der Kinder zu sehen, kann durch nichts ersetzt werden.

Natürlich hört Elternschaft nicht auf, wenn die Kinder größer werden. Sie wird auch nicht unbedeutender. Nach der Kleinkindphase wird es vielleicht etwas komplizierter. Ist ein gutes Fundament gelegt, wird es weniger Schwierigkeiten geben. Eins ist klar: Je mehr Zeit das Kind mit einer Person verbringt, desto mehr Einfluss wird diese Person auf sein Leben haben. Wem ermöglichen wir diesen entscheidenden Einfluss?

Maria, die Mutter Jesu, war hauptsächlich Mutter. Sie hat ihre Rolle nicht verachtet, sondern darüber nachgedacht und sie in ihrem Herzen bewahrt. Dass sie die Mutter Jesu war, hat ihre Arbeit sicher nicht glanzvoller gemacht als die der Mütter heute. Auch sie musste Windeln wechseln und andere alltägliche Arbeiten verrichten. Wenn wir es mit Freude tun, kann es sogar Spaß machen. Die Kinder beobachten uns, und unsere Haltung überträgt sich. Wie wir als Familie leben und wie wir miteinander umgehen, wird von vielen Menschen beobachtet. Wer weiß, welchen Einfluss wir dadurch haben? Unser ganzes Leben ist Dienst, nicht nur wenn wir über den sogenannten »Geistlichen Dienst« in Mission oder Gemeinde sprechen. Andere einzuladen ist eine weitere wunderbare Möglichkeit, das Leben von Menschen zu beeinflussen. Haben wir doch den Mut, unsere Prioritäten für die jeweilige Lebensphase neu zu überdenken!

Ich möchte nicht durch selbstsüchtige Wünsche oder unerfüllte Bedürfnisse motiviert sein, sondern will Gott erlauben, mich zu der Person zu machen, die er sich gedacht hat. Eine Auswirkung wird sein, dass ich auch meinen Kindern erlaube das zu entwickeln, was Gott in ihnen angelegt hat.
Mutter zu sein erfüllt mich mehr als alle anderen Dinge, die ich jemals vorher gemacht habe. Ich war 34 Jahre alt, als mein erstes Kind geboren wurde. Bis dahin hatte ich genügend Zeit und Gelegenheit, Interessantes zu tun und zu erleben. Es waren großartige Jahre, und es wird hoffentlich noch viele davon geben, wenn die Kinder aus dem Haus sein werden. Aber zurzeit möchte ich es nicht verpassen »Mutter« zu sein.

Chris (USA) und Wolfgang (Schweiz) Jani sind seit 1982 (Chris) und 1987 (Wolfgang) Mitarbeiter von Jugend mit einer Mission (JMEM). Chris hat einen Universitätsabschluss in Frühkindlicher Erziehung. Zusammen mit ihren drei Kindern Benjamin, Rachel und Katie leben und arbeiten sie in Sofia, Bulgarien. Wolfgang leitet die Arbeit von JMEM-Bulgarien.

Keith und Marilynn Hamilton –
Nach 62 Jahren Ehe:
»Wir lieben uns mehr als je zuvor«

Keith und Marilynn, Ihr habt 2006 eure diamantene Hochzeit gefeiert, seid also länger als 60 Jahre gemeinsam unterwegs. Wie habt Ihr beide euch gefunden und was waren die wichtigen Stationen eures Lebens?

Keith: *»Gott schreibt seine Liebesgeschichte in unsere Herzen, und jeder schreibt seine eigene Liebesgeschichte. Sowohl Marilynns als auch meine Eltern waren bemüht Christus nachzufolgen. Wir danken Gott für die großzügige Liebe, die sie in uns investiert und für die Opfer, die sie für uns gebracht haben. Und doch hatten sie auch ihre Begrenzungen durch das Erbe, das sie von ihren Eltern empfangen hatten.«*

Marilynn: *»Wir wuchsen beide in Arbeiterfamilien im Mittleren Westen der USA auf. Keith wurde als Meteorologe ausgebildet, und als der zweite Weltkrieg begann, diente er an Wetterstationen in den U.S.A. Auch ich begann ein Studium und zwar zunächst an einem*

»Selbsthilfe-College«, weil die große Wirtschaftskrise in jenen Jahren die Möglichkeiten begrenzte. Später konnte ich meinen Abschluss am Baldwin Wallace College in Ohio machen. Nachdem ich für kurze Zeit als Sozialarbeiterin gearbeitet hatte, entschied ich mich für einen geistlichen Dienst und begann im Januar 1946 am evangelikalen Garrett-Institut zu studieren. Inzwischen hatte Keith seinen Abschluss als Meteorologe, sah sich auch zum geistlichen Dienst berufen und kam ans gleiche Institut. Er kam am 1. Oktober 1946 dort an, und hier beginnt unsere Geschichte.«

Keith: *»Es war Liebe auf den ersten Blick. Marilynn zu erobern war mein Ziel Nummer eins. Ich hatte mich in den Lockenkopf mit den glänzenden braunen Augen verliebt. Wir waren beide im Evangelisationsteam und jedes Wochenende besuchten wir verschiedene Gemeinden. Um eine kurze Geschichte noch kürzer zu machen: Wir verlobten uns am 31. Oktober und heirateten zum Semesterende, am 19. Dezember! Wir waren sehr verliebt, aber wir kannten einander nicht wirklich.«*

Marilynn: *»Und ich war hingerissen von der Stärke und Wärme dieses hübschen jungen Mannes. Keith bat mich, mit ihm zusammen »ein Team für Christus« zu werden. Das war auch mein Traum. Keith war extrovertiert, schlagfertig und zuversichtlich. Ich war eher schüchtern, studierte gerne und liebte Musik. Wir waren in vielen Dingen gegensätzlich, aber wir ergänzten uns gut. Viele Freunde und Angehörige waren dabei, als wir einander in der Kapelle des Instituts das Ja-Wort gaben.*
Bald entdeckte ich, dass Keith schlimmes Asthma hatte. Diese Krankheit war mir bis dahin unbekannt. Sie beeinträchtigte unser Familienleben viele Jahre lang, bis Keith schließlich Hilfe fand. Als Laura Christine am 19. November 1947 zur Welt kam, wurde ich Vollzeit-Mutter, während Keith sein Studium fortsetzte und im Juni 1949 abschloss. Gemeinsam waren wir auf der Suche, an welchem Ort uns Gott einsetzen wollte.«

Keith: *»Gott führte uns zu einer Pastorenstelle nach Aspen, Colorado, wo Timothy Keith geboren wurde (1950). Auch jetzt war unser Ziel, Gottes Willen für unser Leben zu erfüllen, und als er uns nach Südamerika rief, gingen wir nach einer Zeit weiterer Ausbildung nach Uruguay. Dort wurde Mark Noel geboren (1951). Unser Baby hatte ein Problem mit dem Rhesus-Faktor und starb während einer Blutübertragung. Ich hatte weiter Schwierigkeiten mit meiner Gesundheit, und die Missionsgesellschaft schickte uns nach La Paz, Bolivien. Dort ging es mir viel besser. Auf jedem Streckenabschnitt suchten wir Gottes Führung im Gebet, und obwohl wir noch viel zu lernen hatten, leitete Gott uns treu.*

Kommunikation und der Umgang mit Konflikten waren immer wieder ein Problem, weil jeder von uns das auslebte, was er in seiner Herkunftsfamilie gelernt hatte. Die beiden unterschiedlichen Modelle prägten unseren Umgang miteinander und mit unseren Kindern.

Während unseres ersten Heimataufenthaltes wurde David Joel geboren (1956). Zwei Jahre später machte unser jüngstes Kind, Elizabeth Laverne, unsere Familie in La Paz komplett. Unsere wunderbaren, begabten Kinder wurden groß, und obwohl wir ihnen als Eltern das Beste geben wollten, bekamen sie auch unsere Begrenzungen und Blindheit mit."

Marilynn: *»Die Jahre vergingen. Mehr Dienst. Mehr Fehler. Mehr erstaunliche Gnade und wunderbare Erfahrungen. Während eines verlängerten Heimataufenthaltes unterstützte mich Keith darin, meinen Master-Abschluss in Spanischer Literatur zu machen, so dass ich die Familie versorgen könnte, falls er sterben sollte. Die Kinder begannen ihre Ausbildung. 1975 kamen wir in die USA zurück, und Keith übernahm eine Pastorenstelle. Wieder unterstützte mich mein Mann, so dass ich jetzt mein Theologiestudium abschließen konnte und ordiniert wurde (1982). Anschließend arbeiteten wir beide als Pastoren.*

1989 wurden wir pensioniert und gingen als ehrenamtliche Missionare nach Lateinamerika zurück. Zu diesem Zeitpunkt hörten wir zum ersten Mal von Marriage-Enrichment (Ehe-Bereicherung), machten die Ausbildung zum Trainer und begannen, selbst Handbücher in Spanisch zu entwickeln. Ein Prozess hatte begonnen, der weitere Jahre aufregender Entdeckungen über uns selbst und andere bereit hielt. Wir reisten nach Afrika, Asien, Europa, Nord-, Mittel- und Lateinamerika, besuchten viele Inseln und gaben weiter, was wir selbst gelernt hatten. Gott erweiterte unser Verständnis und gab uns Gunst. Durch die Anwendung der präventiven Prinzipien erfuhren wir viel Wachstum, und es hat noch immer nicht aufgehört.

Heute erleben wir, was Dr. David und Dr. Vera Mace als »Intimität« beschreiben: »völlig erkannt und tief geliebt zu sein.« Mit 85 Jahren gehören wir jetzt zu den Senioren. Keith ist an Parkinson erkrankt, und ich hatte einen Schlaganfall. Aber wir lieben uns mehr als je zuvor und danken Gott für das Geschenk unseres Lebens und füreinander. Wir lernen immer noch. Zu wissen, dass viele junge Ehepaare auf der ganzen Welt unsere Arbeit fortführen und Ehen und Familien stärken, segnet uns unglaublich. Für jedes dieser Paare preisen wir Gott, dessen Plan schon immer war, eine Familie der Liebe zu schaffen.«

Wenn Ihr auf euer Leben zurückschaut, was zählt im Rückblick?

Keith: *»Marilynn sagt, dass Gott unsere Ehe eingefädelt hat, weil er eine Laura, einen Tim, einen Mark, einen David und eine Beth wollte. Er hat wunderbare Pläne für seine Welt und dazu gehört, dass jedes unserer Kinder seinen Platz einnimmt.«*

Marilynn: *»Die Partnerschaft mit Gott, der uns so unglaublich liebt und zu allen Zeiten treu ist. Und unsere Bereitschaft nicht stehen zu bleiben, sondern Schritte zu gehen und zu wachsen, zu wachsen, zu wachsen ...«*

Wenn ihr noch einmal von vorne anfangen könntet, würdet ihr etwas ganz anders machen?

Keith: »Wir können die Seiten nicht zurückblättern, aber wir können von der Vergangenheit für eine bessere Zukunft lernen. Wir hätten in der Kindererziehung viele Fehler vermeiden können, und unsere Kinder hätten später weniger aufarbeiten und überwinden müssen, hätten wir schon damals gewusst, was unser Leben später so reich gemacht hat.«

Marilynn: »Wir waren schon im aktiven Ruhestand, als wir »Marriage Enrichment« kennen lernten. Unsere spontane Reaktion war: »Das ist gut!«, und wir begannen Material für Beziehungstraining in Spanisch zu erarbeiten. Gott hatte einen völlig neuen Dienst für uns vorbereitet, in dem wir seither viele Wachstumsschritte gemacht haben, und wir sind noch immer auf dem Weg. Gott gab uns die Freude und das Privileg, diese Workshops in der ganzen Welt bekannt zu machen. Es wäre so viel einfacher gewesen, wenn wir all dies gewusst hätten als wir unsere Kinder großzogen.«

Keith: »Doch Vergebung ist solch ein wichtiger Baustein für ein erfolgreiches Leben, und unsere Kinder haben ein großes Herz und werfen uns nichts vor. Sie alle haben ihr Leben fruchtbringend eingesetzt und investieren sich in andere Menschen. Außerdem haben sie uns phantastische Enkelkinder geschenkt, die jetzt diese großartigen Urenkel hervor bringen!
Trotzdem, was würden wir anders machen? Wir würden unseren Kindern all die hilfreichen Werkzeuge weitergeben, die wir in den PePP-Workshops vermitteln. Wir würden ihnen diese präventiven Prinzipien beibringen und sie ihnen vorleben.«

Keith und Marilynn, was seht ihr heute als wesentlich für den Erfolg eurer Familie?

Gott ist das Zentrum unserer Ehe
Marilynn: »Jeder von uns hat die Beziehung zu Gott an die erste Stelle im Leben gesetzt, trotz vieler Unzulänglichkeiten, häufigem Stolpern und mancher Sünde. Und Gott war treu. Er hat uns geliebt, korrigiert und uns immer wieder unterwiesen.«

Den Bund halten
Keith: »Ich erinnere mich an die Zeit als Laura ungefähr sechs und Tim vier Jahre alt war. Damals waren wir Missionare in Bolivien. Während eines Familienurlaubs ärgerte ich mich so sehr über Marilynn, dass ich ihr sagte, sie solle die Kinder mitnehmen und in die USA zurück gehen. Laura und ihre Mutter gingen spazieren und überlegten: »Papa wird nicht zu uns kommen, so ist es wohl besser, wenn wir zu ihm zurück gehen.« Marilynn war die Verpflichtung eingegangen »bis der Tod uns scheidet« und sie dachte nicht daran, diesen Bund nicht zu halten! War ich froh!«

Ein Leben lang lernen

Marilynn: »Eine gute Eigenschaft von Keith ist, dass er sich etwas sagen lässt. Er hat kein Problem zu seinen Schwachpunkten zu stehen (jeder hat welche), und er arbeitet an ihnen. Darauf kommt es an. Wir befinden uns alle in einem Wachstumsprozess, und jeder muss noch sehr viel lernen, um wie Jesus zu werden.

Wir haben so viel von unseren Kindern gelernt – früher, als sie noch bei uns zuhause waren und jetzt, wo sie erwachsen, selbst Eltern und Großeltern sind. Aus eigenen Erfahrungen lernen und von denen, die der Vater uns anvertraut hat, ist ein großes Privileg!

Die Maces drücken es folgendermaßen aus: Konflikte sind normal ... Wenn wir lernen, Konflikte kreativ zu nutzen, werden sie zu den Wachstumsknoten unserer Ehe.«

Ein Ziel für die Ehe haben, das über uns hinaus reicht.

Keith: »Unsere Berufung, dem Herrn und anderen Menschen zu dienen, war in sich ein Ruf zum Wachstum. Eine neue Sprache zu lernen und uns mit einer anderen Kultur auseinander zu setzen war eine große Aufgabe, die uns beiden viel Freude gemacht hat. Wir fanden heraus, wie wir unser Leben und unsere Ressourcen mit anderen teilen konnten. Unsere Familie in einem multi-kulturellen Umfeld zu bauen, streckte uns in vielerlei Hinsicht. Wir lernten Demut und Vergebung und entdeckten Fähigkeiten in uns, die vorher nicht sichtbar waren.«

Partnerschaft leben

Marilynn: »Wir trafen uns auf der Bibelschule, verliebten uns und heirateten kurze Zeit später. Keith hatte während seiner Ausbildung gelernt, die Frau des Pastors solle keine Ämter in der Gemeinde haben, um dem Pastor nicht im Weg zu stehen. Das bestätigte, was Keith schon während seiner Kindheit erlebt hatte: Männer dominieren, Frauen haben ihre stillen Helfer zu sein. All das änderte sich über die Jahre, allerdings nicht ohne heftige Kämpfe. Als wir vom Missionsfeld zurückkehrten, wollte ich meiner Berufung zur Ordination als Pastorin folgen. Dazu und in den folgenden Jahren hatte ich Keiths volle Unterstützung in einer Partnerschaft von Ehe und Dienst.«

Gibt es etwas, das ihr anderen Paaren auf ihren gemeinsamen Weg mitgeben möchtet?

Keith: »Wir ermutigen jedes Paar an einem Eheworkshop teilzunehmen, die Prinzipien anzuwenden und sie seinen Kindern weiterzugeben, und dann selbst Anleiter zu werden, um die gute Nachricht weiterzugeben. Sie werden selbst gesegnet sein und andere segnen. Wunderbare Überraschungen und ein reiches Erbe erwarten sie und ihre Kinder!«

Keith und Marilynn Hamilton, U.S.A., sind Pastoren der amerikanischen Methodisten-Kirche und haben 25 Jahre in Lateinamerika gearbeitet. Nach ihrer Pensionierung wurden

sie von »Association of Couples in Marriage Enrichment« (A.C.M.E.) zu Ausbildern geschult, brachten Ehebereicherung nach Lateinamerika und entwickelten dann ein eigenes Programm für Beziehungstraining (PePP = Partner- und Beziehungstraining mit Präventiven Prinzipien / international REAPP = Relationship Enrichment by Applying Preventive Principles), das seither in aller Welt Verbreitung findet.
Keith und Marilynn sind beide Jahrgang 1923 und feierten 2006 ihre diamantene Hochzeit. Sie haben vier Kinder, acht Enkel und zwei Urenkel.

Starke Familien leben mit Gott

Die eingangs erwähnte Langzeitstudie von Dr. Stinnet stellt fest: »Starke Familien leben mit Gott.«

Familien, die Gott kennen und mit ihm leben, sind besser dran als solche, die ihn nicht kennen und die nicht mit ihm leben. Sie haben die Sinnfrage geklärt und eine klare Werte-Orientierung gibt ihnen Sicherheit. Sie haben die besten Voraussetzungen Krisen zu bewältigen, weil sie Zugang zur Kraft Gottes haben und eine Hoffnung, die über das diesseitige Leben hinausgeht. Außerdem sind sie durch eine Gemeinde an ein Beziehungsnetz angeschlossen, das ihnen Rückhalt und Unterstützung bietet. Familien, die Gott kennen, wissen: Gott ist da. Er wacht über uns, sorgt für uns, liebt und leitet uns.

Eine klare Werte-Orientierung gibt Sicherheit

Gott ist das Fundament unserer Familie

Matth. 7, 24 – 27 Jesus sagt: »Wer meine Worte hört und danach handelt, der ist klug. Man kann ihn mit einem Mann vergleichen, der sein Haus auf felsigen Grund baut. Wenn ein Wolkenbruch niedergeht, das Hochwasser steigt und der Sturm am Haus rüttelt, wird es trotzdem nicht einstürzen, weil es auf Felsengrund gebaut ist. Wer sich meine Worte nur anhört, aber nicht danach lebt, der ist so unvernünftig wie einer, der sein Haus auf Sand baut. Denn wenn ein Wolkenbruch kommt, die Flut das Land überschwemmt und der Sturm um das Haus tobt, wird es mit großem Krachen einstürzen.« (Übersetzung: Hoffnung für alle).

Das Leben besteht nicht nur aus sonnigen Tagen. Stürme werden kommen. Dann wird sich entscheiden, ob das Fundament unseres Familienhauses tragfähig ist. Jesus macht in diesem Gleichnis ganz deutlich, was dieses tragfähige Fundament ist: das im Leben umgesetzte Wort Gottes. In dieser Einheit wollen wir uns damit beschäftigen, wie unsere Familie ein starkes Fundament bekommt.

Die Familie prägt das Glaubenssystem

Die Weltanschauung bzw. das Glaubenssystem des Menschen wird maßgeblich in den ersten 4 – 6 Lebensjahren geprägt. Bis wir in die

> **Die Erfahrungen der ersten Jahre sind wie eine Brille, durch die wir unser Leben betrachten.**

Schule kommen, haben wir bereits eine Meinung darüber, ob wir einen Platz in dieser Welt haben oder nicht, ob wir andere Menschen fürchten müssen oder ihnen vertrauen können, ob wir Herausforderungen als Abenteuer oder als Gefahren empfinden. Die Erfahrungen der ersten Jahre sind wie eine Brille, durch die wir unser Leben und was uns im Leben begegnet, betrachten.

Wenn Kinder in diesen frühen Jahren erleben, wie ihre Eltern Probleme zu Gott bringen und er Gebete erhört, ist es für sie ganz natürlich und normal mit Gott zu rechnen. Jesus stellte fest, dass den Kindern das Reich Gottes gehört, und er warnte mit starken Worten davor, ihren Glauben zu hindern oder zu zerstören (Matth. 18, 2–6).

Es kann passieren, dass uns der Glaube eines Kindes herausfordert, wenn z.B. der Vierjährige für Heilung betet und selbstverständlich davon ausgeht, dass sie sofort geschieht.

Als Eltern und Leiter unserer Familie sind wir zuständig, unsere Kinder geistlich zu fördern und ihnen den Glauben vorzuleben. Wir sind das Modell, an dem sie sich orientieren. Deshalb ist es unbedingt notwendig, dass wir absolut echt sind. Wenn Kinder entdekken, dass die Eltern etwas anderes leben als was sie sagen, bewirkt eine elterliche Predigt Zynismus, die sich als starke Blockade für echten Glauben auswirkt. Je transparenter und authentischer wir Eltern unsere Gottesbeziehung in der Familie leben, desto eher werden unsere Kinder Gott erfahren und desto größer ist die Wahrscheinlichkeit, dass sie selbst zu einer echten Gottesbeziehung finden.

Bibelstellen zum Thema

- 5. Mose 6, 6–9: Gott verpflichtet sein Volk, die nächste Generation seine Gebote zu lehren.
- 2. Mose 13,8: Jährlicher Feiertag, an dem den Kindern die Wunder Gottes erzählt werden.
- 1. Mose 18,19: Abraham wird berufen seine Nachkommen zu lehren, »Gottes Wege zu halten«, damit Gottes Verheißungen auch in den Folgegenerationen gelten.

Arbeitsblatt: Mit Gott in der Familie leben

Die folgenden Aussagen sind Anregungen zum Partnergespräch.

1. Als Ehepaar leben wir Einheit
   - versöhnter Lebensstil
   - regelmäßiger Austausch
   - tägliches Gebet füreinander und für unsere Kinder
   - gemeinsame geistliche Erfahrungen (Gemeinde, Dienst, Seminare...)

2. Das Wort Gottes hat einen festen Platz in unserer Familie.
   - Unsere Kinder sehen, dass wir Eltern regelmäßig die Bibel lesen.
   - Wir lesen als Familie gemeinsam in der Bibel, z. B. die Herrnhuter Losung (oder die Familienversion »Fit für den Tag«) beim Frühstück, einen kurzen Bibelabschnitt nach dem Abendessen.

3. Gott und sein Wort sind selbstverständlicher Bestandteil unserer Gespräche bei Tisch, unterwegs etc.

4. Wir beide haben unseren Kindern erzählt, wie wir zum lebendigen Glauben an Gott gekommen sind.

5. Ich erzähle meinen Kindern, entsprechend ihrer Reife, was Gott für mich bedeutet und was ich gerade jetzt mit ihm erlebe - meine Siege und Niederlagen, meine Herausforderungen, Prozesse usw. und wie ich Gott darin erfahre.

6. Meine Kinder erleben, wie ich mit Gott in alltäglichen Situationen rede (»Danke, Herr, für das tolle Wetter heute«. »Danke für das leckere Essen!« »Herr, könntest du mir bitte helfen hier einen Parkplatz zu finden«. »Ich bin traurig / froh / ärgerlich, weil ..., bitte hilf mir ...«).

7. Wir haben tägliche Familien-Rituale.
   - Wir segnen unsere Kinder morgens, bevor sie das Haus für Kindergarten und Schule verlassen und beten um Schutz, Bewahrung, Begleitung, Führung.
   - Wir beten vor den Mahlzeiten und danken Gott, dass er unser Versorger ist.
   - Vor dem Zubettgehen nehmen wir uns Zeit, mit den Kindern den Tag abzuschließen und beten miteinander (»Danke für die vielen guten Dinge, die heute passiert sind«. »Herr, wir bringen dir unsere Sorgen und Ängste – du kümmerst dich darum.« »Bitte schenke uns einen guten Schlaf und schütze unsere Gedanken und Träume.«).

8. Wir haben regelmäßige Familienzeiten.

Glaube muss praktisch werden

In seinem Buch »Bist du es Herr?« erzählt Loren Cunningham, wie ihn seine Mutter geschickt hatte Milch zu kaufen. Sie hatte ihm einen Fünf-Dollar-Schein mitgegeben, das Haushaltsgeld der Familie für eine Woche. Als er bezahlen wollte, war das Geld verschwunden. Alles Suchen blieb erfolglos. Er musste zurück nach Hause und seiner Mutter beichten, dass er den Geldschein verloren hatte. Nachdem sie den ersten Schreck überwunden hatte, sagte sie: »Komm, mein Sohn, wir wollen beten.« Sie stand in der Küche, legte ihrem Sohn die Hand auf die Schulter und bat Gott, ihnen zu zeigen, wo sich der Fünfdollarschein versteckt hatte. Nach kurzer Stille, in der sie die Antwort Gottes erwartete, sagte sie: »Gott hat mir gezeigt, dass das Geld unter einem Busch liegt.« Sie schauten unter alle Büsche, die am Weg zum Laden standen und fanden tatsächlich den verlorenen Schein. Loren kommentiert: »Wir sahen diese Erfahrungen in unserer Familie nicht als eine Art Lernschule des Vertrauens auf Gott an, aber genau das waren sie.«

Trotz aller wertvollen Erfahrungen zuhause: Gott hat keine Enkel – nur Kinder. Unsere Kinder müssen irgendwann selbst entscheiden, ob sie mit oder ohne Gott leben wollen. Und hoffentlich haben wir ihnen dann Gott in solch einer Weise nahe gebracht, dass sie sich ein Leben ohne ihn nicht mehr vorstellen können.

Gott hat keine Enkel – nur Kinder

Als unsere Kinder klein waren, haben wir vor dem Einschlafen immer das Lied »Jesus, höchster Name ...« mit ihnen gesungen. Unsere Tochter erzählt, dass ihr bis heute häufig dieses Lied beim Einschlafen in den Sinn kommt und ihr Trost und Ruhe vermittelt.

Unsere Nachbarn hatten mit ihren Teenagern monatelang für ein neues Auto gebetet und erlebten, wie Gott ihre Gebete erhörte. Diese Erfahrung motiviert diese Jugendlichen, selbst mit Gott zu rechnen.

Anregung für die Gesprächsrunde

- Was hat meinen eigenen Glauben geprägt? (Personen, Ereignisse, Erfahrungen in Kindheit und Jugend?)
- Wie haben meine Eltern ihren Glauben gelebt bzw. an mich vermittelt?
- Welchen Einfluss hatten Großeltern, Paten, Gemeinde auf meine geistliche Entwicklung?
- Wie hat meine Kultur meinen Glauben beeinflusst? Gibt es in meiner Kultur evtl. Traditionen, die biblischer Wahrheit widersprechen und dadurch kontraproduktiv gewirkt haben?
- So machen wir es in unserer Familie – Ideen für Familienandachten austauschen.

Empfehlung für den Abschluss dieser Einheit

Gebetsrunde mit Schwerpunkt: Dank für die Menschen, die meinen Glauben positiv beeinflusst haben. Dank für den Heiligen Geist, der uns im Alltag befähigt unseren Glauben zu leben und auf diese Weise unseren Kindern Gott und Jesus nahe zu bringen.

Aktion für die Familie
Gestaltung einer wöchentlichen Familienzeit

Eine wöchentliche Familienzeit ist ein guter Rahmen, um Gott zu loben, gemeinsam das Wort Gottes zu lesen und zu besprechen, wie wir es als Maßstab für unser Leben praktisch umsetzen können. Diese regelmäßige Zeit ist außerdem eine gute Gelegenheit, die Kommunikation zu fördern und den Kindern Respekt, Höflichkeit und gutes Benehmen beizubringen.
Findet eine günstige Zeit, so dass alle Familienmitglieder dabei sein können (bei uns war das z.B. Sonntagnachmittag, 17.00 bis ca. 18.30 Uhr). Die Dauer muss dem Alter der Kinder angepasst werden (bei Vorschulkindern höchstens 30 Minuten).

Mögliche Gestaltungselemente

- Wir loben Gott (mit Liedern, Musikinstrumenten, Worten, gemalten Bildern, etc.).
- Wir essen gemeinsam (evtl. Lieblingsessen der Kinder – liebevoll zubereitet, an schön gedecktem Tisch) und haben Zeit für das zwanglose Gespräch.
- Wir sprechen über ein aktuelles Thema und messen es an Gottes Prinzipien. Fragen, die die Kinder gerade bewegen, bieten sich an, z. B. Themen, die sie aus Kindergarten und Schule mit nachhause bringen. Dabei lernen Kinder, ihre Gedanken und ihren Standpunkt zu formulieren. Dies ist nicht die Zeit für Erziehung / Korrektur, sondern sie sollte eher als Gelegenheit für das entspannte Gespräch verstanden werden.
- Wir lesen gemeinsam in der Bibel und sprechen darüber.
- Wir lernen Schlüsselverse oder Psalmen auswendig.
- Wir beten für unsere aktuellen Anliegen und hören auf Gottes Stimme (z. B. bei anstehenden Entscheidungen).
- Wir erzählen einander was uns bewegt (»Was war dein persönliches Highlight in dieser Woche?« »Was hast du mit Gott erlebt?« »Was bedrückt dich?«) und beten füreinander.
- Wir bringen Gott die Nöte unserer Mitmenschen und beten für sie.
- Wir besprechen was ansteht und tragen Termine in den Familienkalender ein.
- Gegebenenfalls sprechen wir über Dinge, die geklärt werden müssen und treffen Vereinbarungen (z. B. Taschengeld, Ausgehzeiten, Haushaltspflichten).

Tipps für die Familie

- Mit kleinen Kindern biblische Geschichten mit Playmobil-Figuren nachspielen.
- Eine Kinder-Jahresbibel anschaffen und mit größeren Kindern nach dem Abendessen in der Bibel lesen und beten.
- Kinder in Krankheitszeiten CDs mit biblischen Geschichten hören lassen.
- Durchreisende Missionare zum Essen einladen. Ihre Berichte über Gottes Wirken werden ihre Wirkung auf die Kinder nicht verfehlen und geben Stoff für Fürbitte. Graf von Zinzendorf hör-

te als Zehnjähriger am Mittagstisch des Schuldirektors August Hermann Francke die Berichte der ersten protestantischen Missionare mit an. Mit einigen Gleichaltrigen gründete er den »Senfkornorden« mit der Verpflichtung, die Heiden zu missionieren. Der Same ging auf und wuchs zur beispielhaften Herrnhuter Mission.

- Ferienzeiten oder lange Reisen im Auto sind wunderbare Gelegenheiten, spannende Biographien vorzulesen, z.B. von Gladys Aylward, Doktor Ida, Bruce Olsen.
- Eine wöchentliche Familienzeit einführen.

Zur Vertiefung

Anke Kallauch: »Fit für den Tag – die Familienlosung – 365 Impulse für die ganze Familie«, cap-books

Hans und Manuela Bischof, Beate Maier: Buch + CD »Es geht um Jesus – eine Fundgrube kreativer Gebetsideen für das gemeinsame Gebet als Familie«, cap-music, www.cap-music.de

Patricia St. John: »So gross ist Gott – Geschichten zum Glaubensbekenntnis«, Verlag Bibellesebund

»Tägliche Entdeckungen – das ganz besondere Andachtsbuch«, Kinder-Evangelisations-Bewegung e. V., www.keb-de.org

Timothy Smith: »Familienzeit – 52 kreative Familienandachten für Familien mit Kindern im Alter von 4 bis 10 Jahren«, Gerth Medien

Loren Cunningham: »Bist du es Herr?«, Jugend mit einer Mission e. V.

Julia Frész –
Gott habe ich schon zuhause kennengelernt

Gott war für mich so etwas wie ein Familienmitglied.
Ich habe Gott in unserer Familie als sehr real erlebt. Da wir oft über Gott sprachen und beteten, war Gott für mich so etwas wie ein Familienmitglied. Meine Eltern lebten ihren Glauben authentisch, und was sie sagten, setzten sie auch um. Sie sprachen offen mit uns auch über Dinge, die sie selbst nicht verstanden. So war es für mich ganz selbstverständlich, mit Gott durch meinen Alltag zu gehen und ihm alles zu erzählen, ihm zu danken und ihn um alles zu bitten was ich brauchte. Aber vor allem, so wie ich das bei meinen Eltern gesehen habe, ihm zu vertrauen, auch wenn ich mal nicht weiter wusste. Meine Eltern waren und sind mir in diesem Bereich ein großes Vorbild. Dafür bin ich ihnen sehr dankbar.

Gott ist mein Versorger
In unserer Familie habe ich Gott immer als guten Versorger erlebt. Ich kann mich an Zeiten erinnern, in denen wir sehr knapp bei Kasse waren. Doch auch wenn Gott es ab und zu echt spannend machte, hat er uns immer versorgt. Als zum Beispiel das Geld zum Einkaufen fehlte, überraschte uns Gott mit einem Korb voll Lebensmittel, den Freunde vorbei brachten. Auch das Geld für das JMEM-Gelände in Hainichen, hatten wir meist erst an dem Tag, an dem die nächste Rate fällig war. Ich habe immer bewundert wie meine Eltern Gott vertraut haben und gesehen, dass es sich lohnt und dass Gott sehr zuverlässig ist.
Den Zehnten zu geben, mit anderen zu teilen und großzügig zu sein mit dem was man hat – darauf wurde zuhause großer Wert gelegt - und ich habe oft erlebt, wie Gott Großzügigkeit belohnt.
Offensichtlich war die Prägung zuhause nachhaltig, denn heute bespreche ich meine Finanzen auch mit Gott und versuche, sie entsprechend seinem Rat einzusetzen.

Dankbarkeit verändert meine Perspektive
Dankbarkeit ist ein Wert, der für meine Eltern wichtig war und den ich nun selbst versuche zu leben. Ich lerne immer mehr, wie sehr Dankbarkeit Gott gegenüber das Leben erleichtert, weil man offene Augen für das bekommt was man hat, statt sich auf die Dinge zu konzentrieren, die man nicht hat.
Meine Klassenkameraden haben oft mit ihren neuen und modischen Kleidern geprahlt. Ich dagegen hatte meist geerbte, oder eben nicht top-aktuelle Klamotten, was besonders in den Teenagerjahren nicht immer einfach für mich war. Meine Mutter erklärte mir einmal,

dass wir Geld hätten um neue Kleider zu kaufen, unsere Prioritäten aber anders setzen und das Geld z. B. in Reisen investieren. Das hat mir sehr geholfen. Wenn meine Freundinnen wieder neu eingekleidet in die Schule kamen, habe ich mir gesagt, dass ich dafür schon in Afrika bei den Massai war. Zu sehen, was ich Wertvolles habe, ließ das, was ich nicht habe verblassen. In den höheren Klassen habe ich dann die Nähmaschine für mich entdeckt und damit so manche Karottenhose in eine trendige Schlaghose verwandelt. Davon waren sogar meine Freundinnen angetan und fragten, ob ich ihnen auch welche nähen könnte.

Gastfreundschaft ist mir wichtig

Meine Mutter hat gerne Gäste und richtet alles schön für sie her. Ich habe bemerkt, dass sich Leute immer bei uns wohl gefühlt haben. Seit ich nicht mehr zuhause wohne, ist es mir wichtig meinen Gästen eben diese Atmosphäre zu schaffen. Auch auf diesem Gebiet ist meine Mutter für mich Vorbild.

Gott kann mich gebrauchen

Es gab immer wieder Entscheidungen, für die wir als ganze Familie gebetet haben. Wir Kinder waren dabei nicht nur Zuschauer, sondern auch aufgefordert auf Gott zu hören, was er zu uns sagt. Ich habe dabei viel über Vertrauen auf Gott und Gottes geniale Führung gelernt. Aber die wichtigste Erfahrung war, dass Gott mich gebrauchen kann - nicht nur die Erwachsenen oder Leute mit mehr Erfahrung.

Julia Frész (Deutschland) ist die Tochter von Andreas und Angela Frész. Sie ist 22 Jahre alt, verlobt und studiert Lehramt und Schulpsychologie in München.

Emmerich Adam – **Eine Familientradition: »Das Jesus-Geschenk«**

Nach unserer Eheschließung vor 20 Jahren war es uns wichtig, nicht – wie gewohnt – mit den Eltern Heiligabend zu feiern, sondern eine eigene »Tradition« des Feierns zu entwickeln. Dies war uns umso wichtiger, da bereits nach einem Jahr unser erstes Kind auf die Welt kam, zwei Jahre später das nächste und nach weiteren zwei Jahren das dritte, so dass wir bald zu fünft waren.

Wie konnten wir den Kindern vermitteln, dass es an Heilig Abend nicht in erster Linie um die Geschenke geht, sondern um den Geburtstag von Jesus? An einem Weihnachtsfest fan-

den wir in dem größten Päckchen, das wir als Familie erhalten hatten, eine kleine Jesus-Figur. Jesus, das Geburtstagskind, wurde selbst zum Geschenk. Genau darum geht es ja: Jesus machte sich selbst uns zum Geschenk, indem er auf die Welt kam und für unsere Schuld starb.

Inzwischen sind unsere Kinder zwischen 15 und 19 Jahre alt. Sie haben eine Beziehung zu Jesus und wissen um die Bedeutung von Weihnachten. Vor ein paar Jahren kamen wir auf die Idee, an Heilig Abend nicht nur uns gegenseitig zu beschenken, sondern auch Jesus als Geburtstagskind etwas zu schenken. Wie könnte das geschehen?

Unter unserem Weihnachtsbaum haben wir immer eine kleine Krippe mit Josef, Maria, Jesus und ein paar weiteren Figuren aufgebaut. (Leider müssen wir die Figuren immer wieder neu aufstellen, da sich auch unsere Katze sehr für sie interessiert...). Vor die Krippe legt dann jedes Familienmitglied sein persönliches »Jesus-Geschenk«, das ist ein Briefumschlag mit Geld darin. Die Wochen vorher überlegen wir gemeinsam, wer diesmal das Jesus-Geschenk erhält – in der Regel ein christliches Werk oder Missionare, die wir persönlich kennen. Wir Eltern einigen uns auf einen bestimmten Betrag und jedes Kind überlegt sich eigenständig, wie viel es geben kann und möchte.

Besonders, wenn einzelne Missionare unser Jesus-Geschenk erhalten, sind sie freudig überrascht und schreiben dann einen entsprechenden Brief, bzw. eine E-Mail. Dies lesen wir dann in der Familie vor, so dass alle mitbekommen, welche Freude ihr Geschenk ausgelöst hat.

Das »Jesus-Geschenk« ersetzt zwar nicht das regelmäßige Geben (z. B. in Form des sogenannten Zehnten), aber es motiviert uns jedes Jahr neu, Jesus persönlich zu beschenken – letztlich nicht nur mit Geld, sondern vor allem mit uns selbst.

Emmerich und Sabine Adam leben mit ihren Kindern Dominik (19), Tobias (17) und Jennifer (15) in Gießen, Deutschland, und bringen das Männer-Magazin »Adam online« (www.adam-online.de) heraus.

Greg Skrobarczyk –
**Vater schickte mich zur Bushaltestelle:
»Sag den Leuten, dass Jesus sie lieb hat«**

Ich war acht Jahre alt als meine Eltern Jesus kennen lernten und sich unser Leben drastisch änderte. Damals war das tägliche Leben in Polen schwierig – mit langen Warteschlangen vor jedem Geschäft, leeren Ladenregalen und Essensmarken. Selbst für Toilettenpapier musste man anstehen. Andererseits erlebten die evangelikalen Gemeinden und Bewegungen geistliche Aufbrüche und wuchsen. Obwohl die äußeren Umstände bedrückend waren, rückten die Christen näher zusammen. Das gleiche erlebten wir auch in meiner Familie – meine Eltern, meine Schwester und ich standen uns sehr nahe.

Der Einfluss meines Vaters

Seit seinem 17. Lebensjahr war mein Vater krank gewesen, und die Ärzte hatten ihn aufgegeben. Er hätte einen Herzschrittmacher gebraucht, doch die Warteliste für eine solche Operation war lang. Eines Nachts rief er mich in sein Schlafzimmer und bat mich für ihn zu beten. Meine Mutter war weg gegangen um einen Krankenwagen zu organisieren. Ein Telefon hatten wir nicht. Papa und sein achtjähriger Junge beteten gemeinsam das Vaterunser – es war das einzige Gebet, das wir kannten. In dieser Situation, in der mein Vater um sein Leben rang, wurde die Liebe Jesu für mich greifbar. Mein Papa wurde geheilt und fand zu Jesus.

Seitdem ist mein Vater gesund und erzählt jedem in seiner Umgebung von Jesus. Er arbeitet im Kohlebergbau, und nach der Arbeit besucht er häufig seine Kollegen. Als Kind war ich oft mit ihm unterwegs, denn mein Vater wollte, dass ich erlebe was Gott tun kann. Tag für Tag waren wir »im Einsatz«, und nicht immer war ich gern dabei. Manchmal gab mir mein Vater christliche Traktate und schickte mich zu den Leuten an der Bushaltestelle:»Sag ihnen, dass Jesus sie sehr lieb hat!« Auf diese praktische Weise lernte ich, mutig das Evangelium weiter zu geben.

Einmal bekamen wir ein Lebensmittelpaket aus dem Westen. Mein Vater und ich fuhren mit der Straßenbahn zur Gemeinde, wo er die Köstlichkeiten verteilten wollte. Ich war ärgerlich, dass wir diese Raritäten, die in unserem kommunistischen Land nicht zu bekommen waren, nicht für uns behielten. Aber Papa wollte mir beibringen zu teilen. So lief ich durch die Straßenbahn und gab anderen Kindern und einigen Erwachsenen von der herrlichen Erdbeer- und Bananenmilch ab. Die Kommentare der Leute über »den guten Jungen und seine nette Familie« und das ganze Abteil voll lächelnder Gesichter sind mir in bleibender Erinnerung.

In meiner Kindheit waren unsere »Familienzeiten« sehr wichtig. Wir saßen alle zusammen, beteten, lasen in der Bibel und diskutierten darüber. Hin und wieder jedoch fiel dieses Treffen auf die Zeit, in der ein interessantes und faszinierendes Fußballspiel im Fernsehen übertragen wurde, und ich versuchte, mich vor unserer Familienzeit zu drücken. Mein Vater war weise und überließ mir die Entscheidung. Das machte die Angelegenheit für mich noch schlimmer, denn nun wusste ich, dass ich mit dem Fußballspiel die falsche Wahl traf. Jedoch ließ Papa mich immer spüren, dass er fest daran glaubte, ich würde mich schließlich für das Richtige entscheiden.

Meine fünf Jahre jüngere Schwester und ich waren die einzigen Christen an unserer Schule, und wir hatten es nicht leicht. Andere Kinder lachten uns aus und ärgerten uns. Unsere Eltern gaben sich große Mühe, uns zu zeigen wie Gott ist, und sie bestanden darauf, dass wir eifrig lernten und für unsere Feinde beteten. Obwohl sich inzwischen 60 Leute bekehrt hatten und jeden Freitagabend in unserer kleinen Wohnung zusammen kamen, nahmen sie sich Zeit für unsere Familie. Die Tatsache, dass meine Eltern immer anderen Menschen halfen, hat mein Verständnis von Leiterschaft maßgeblich geprägt.

So oft es die finanzielle Situation erlaubte, unternahmen die Eltern etwas mit uns Kindern. Wenn wir kein Geld hatten, machten wir wenigstens einen Spaziergang in der Stadt, im Wald oder eine Radtour. Mit meinem Vater Ski zu fahren und Fußball zu spielen habe ich sehr genossen. Er hat mir das Fußballspielen beigebracht, und mit seiner Unterstützung spielte ich acht Jahre in der Jugend-Nationalmannschaft – angefeuert von meinem größten Fan: natürlich Papa.

Der Einfluss meiner Mutter

Meine Mutter betete viel für unsere Zukunft und gab uns damit ein Beispiel, wie wir mit Gott sprechen und seine Stimme hören konnten.

Mama hat schon immer gern gesungen und es war ihr wichtig, dass ihre Kinder lernen ein Instrument zu spielen oder zu singen. Sie nahm uns mit, wenn sie mit ihrer Band Konzerte in anderen Städten Polens gab und versuchte, uns in ihren Dienst zu integrieren. Manchmal begleiteten meine Schwester und ich ihren Gesang instrumental oder tanzten. Sie wollte der Welt zeigen, dass Familien etwas verändern können, wenn sie zusammenarbeiten.

Ein weiterer Bereich, in dem sie sich investierte, war die Sonntagsschule. Ihre Schüler waren ihr sehr wichtig. Samstags statteten wir jedem Kind einen Besuch ab und hatten Spass zusammen.
Mama war immer offen für ein Gespräch und konnte gut zuhören. Wenn ich ihre Unterstützung brauchte, konnte ich auf sie zählen. Von ihr habe ich gelernt was es heißt gastfrei zu sein und auch Außenseiter anzunehmen, selbst wenn sie dreckig sind und nicht gerade nach Veilchen duften.

Manchmal gab es Streit zwischen meinen Eltern, besonders wenn wenig Geld da war, aber sie versuchten immer, die Angelegenheit miteinander zu bereinigen. Anschließend setzten sie sich mit uns hin, entschuldigten sich für ihr Verhalten und erklärten uns, welch schwierige Situation sie zu bewältigen hatten.

Meine Teenagerjahre waren verrückt, aber ich hatte immer vor Augen wie Gott mich sieht und wusste, dass ich in seinen Augen wertvoll bin. Diese Wahrheit hörte ich immer wieder von meinen Eltern. Sie wollten mich davor bewahren dieselben Fehler zu machen wie sie selbst. Es war mir schon recht peinlich, als mich mein Vater einmal beiseite nahm, um mit mir über Sex und Pubertät zu sprechen. Anschließend betete er für mich um Schutz und Weisheit.
Als ich 14 war, fragten mich meine Eltern, ob ich mein Leben Jesus geben möchte. Bis heute erkundigt sich mein Vater nach meiner Beziehung zu Gott und fragt mich, was ich in der Bibel entdecke ... und ehrlich gesagt, ich finde das echt gut!

Greg Skrobarczyk arbeitet seit 1994 mit King's Kids in Polen. 2004 heiratete er Erin, die seither ebenfalls zum King´s Kids Team gehört. Greg und Erin haben zwei Kinder: Abigail 2½ Jahre und Hannah 13 Monate.

Heike Strobel –
Wir leben in einem modernen Kloster

1995 zogen mein Mann und ich gemeinsam mit drei anderen Mitarbeitern in das neu erworbene Haus unserer benediktinischen Kommunität ein. Inzwischen ist die Familie gewachsen und unsere drei Kinder bereichern das Familienleben genauso wie das der Gemeinschaft. Wir sind hier zu Hause und leben gemeinsam Großfamilie. Natürlich hat jede Familie und jedes Gemeinschafts-mitglied den eigenen Wohnbereich; für uns sind es vier Zimmer, eine Küche, ein Bad. Dazu kommt ein großer Garten, der geräumige Innenhof zum Spielen und Radfahren.

Selbstverständlich ist für uns, was wir als größtes Geschenk ansehen: täglich beten, leben und arbeiten wir miteinander. Die verschiedenen Generationen lernen voneinander unter einem Dach, die sozialen Kontakte sind vielfältig. Wir stehen nicht alleine da, weder als Ehepaar noch mit unseren Kindern. In unseren Schwächen erfahren wir »einer hebt den anderen auf«. Wenn wir uns zum Beispiel in dickem Ehestreit befinden und einander laut-stark Nettigkeiten um die Ohren werfen, klopft bestimmt abends noch jemand an die Tür: »Hallo, alles wieder klar?« Das ist akute Krisenintervention zur Versöhnung.

Unser Leben erfährt ein breiteres Spektrum an Alternativen und Lebensqualität - bunter, vielfältiger als es eine normale Kleinfamilie erleben kann; dass z. B. andere für uns mit ein-kaufen und eine gute Küche gesichert ist, entlastet. Einschränkungen, die das Gemein-schaftsleben mit seinem Rhythmus, den Anforderungen an Flexibilität, Mitarbeit, Freizeit usw. mit sich bringt, heben die Vorzüge niemals auf. Die Bilanz ist mehr als positiv! Als Ehe-paar sind wir uns seit langem darüber im Klaren, dass wir persönlich in unserem Charak-ter, unserer Persönlichkeit und unseren Fähigkeiten niemals so gewachsen wären, würden wir nicht mit anderen zusammenleben. Die Regel des Heiligen Benedikt ist für uns gerade in diesem Bereich Lebensregel geworden.

Bei den abendlichen Gebetszeiten wechseln wir uns als Ehepaar ab oder nehmen beide teil, wenn die Kinder schlafen. Der gemeinsame Tagesrhythmus gibt uns immer wieder Gele-genheit, als Ehe und Familie menschlich und geistlich am Leben anderer Anteil zu nehmen und dabei das Eigene wertzuschätzen. Es ist schon etwas Besonderes, täglich gemeinsam in der Hauskapelle im Gebet vor Gott zu stehen und nach seinem Willen zu suchen.

Unsere Kinder wachsen mit anderen Kindern der Kommunität wie mit einer erweiterten Geschwisterschar auf. Sie erlernen dabei unschätzbare soziale Fähigkeiten. Sich auf ver-schiedene Menschen einstellen, teilen, leihen, Rücksicht nehmen, einander helfen – all das ist für sie ebenso normal wie miteinander streiten und sich auch wieder versöhnen. Andere Mitglieder der Gemeinschaft unterstützen uns in der Erziehung, unter anderem in Stresssituationen, wenn uns die Puste auszugehen droht. Sie helfen uns, gesunde Gren-zen zu ziehen. Wir lernen die Erfahrungswerte der älteren Mitglieder schätzen, die schon Familie hatten oder gut beobachten können. Interessant: von ganz alleine holen sich die Kinder die Gaben und Talente der anderen ab. Intuitiv finden sie schnell heraus wer hand-werklich geschickt ist, wer gut erklärt, mit wem das Spielen, Musikmachen, Malen, Reisen usw. besonders Spaß bringt.

An Babysittern mangelt es uns nie. Die Kinder sind gerne mit unseren Hausgenossen zusammen, und sie müssen auch nicht aus ihrer gewohnten Umgebung heraus. Sie lernen auf vielfältige Weise in Beziehungen zu leben. So werden sie auf ihr Leben vorbereitet.

Geburt und Tod gehören zum Leben. Beides ist für unsere Kinder normal. Schon zweimal konnten sie miterleben, wie ein alter Mensch in unserer Gemeinschaft stirbt und in sein ewiges Zuhause geht. Für uns alle sind dies tiefe, prägende Erfahrungen. Jeder, ob klein oder groß, ist in einem solchen Lebens- und Sterbe-Prozess wichtig, jeder hat etwas beizutragen. Einfache Kinderworte können trösten, ermutigen. »Weißt du, wie viel Sternlein stehen...«, mit ganzer Hingabe und Inbrunst aus Kindermund, leicht schief gesungen, zaubert ein Lächeln auf die Gesichter der Erwachsenen - auf die des Sterbenden auch.

Die Mahlzeiten nehmen wir im Speisesaal der Gemeinschaft ein, das Mittagessen die Mütter getrennt mit unseren Kindern, weil eine Tischlesung, wie sie für alle benediktinischen Gemeinschaften während der Mahlzeit Brauch ist, für unsere Kleinen eine Zumutung wäre. Ab und zu genießen es die Mütter, am Samstag mit der Gemeinschaft am Mittagstisch zu sitzen, während die Kinder den Papa mal ganz für sich haben. Samstags frühstükken wir in der Familie. Sonntagnachmittags geht es raus in die Natur. Die Neigung zu Meer und Strand zieht uns im Sommer an die Nord- oder Ostsee.
Jedes Ehepaar unserer Gemeinschaft pflegt wöchentlich einen Ehe-Abend, an dem Mann und Frau ausschließlich ihre Beziehung in den Mittelpunkt stellen, etwas miteinander unternehmen oder ausgehen. Beim Abendbrot vorher sind wir nur als Familie zusammen.

*In uns ist das Verlangen gewachsen, anderen vom Reichtum des Gemeinschaftslebens etwas weiter zu schenken. Gerade weil uns die Gemeinschaft stützt und ermutigt, sehen auch wir uns aufgefordert, anderen Ehepaaren Möglichkeiten anzubieten, menschlich und geistlich zu wachsen. Seit einigen Jahren sind wir EPL-Trainer (**E**in **p**artnerschaftliches **L**ernprogramm) und KEK-Trainer (**K**onstruktive **E**he und **K**ommunikation).*
In den 13 Jahren Gemeinschaftsleben sind wir als Ehepaar nicht nur älter geworden, sondern auch nüchterner, reifer, realistischer und entschiedener nach der Regel des Hl. Benedikt zu leben, d. h. unter der Führung des Evangeliums, zur Ehre Gottes, zum Heil der Menschen.

Heike Strobel (Deutschland) lebt mit ihrer Familie in der benediktinischen Lebensgemeinschaft Geist und Sendung in Fulda. Ihr Mann Rainer (Deutschland) arbeitet als Netzwerk-Analyst bei einer großen Bank in Frankfurt.
Heike ist eine von vier Verantwortlichen der Kommunität. Heike und Rainer haben drei Schulkinder: Franziska (12), Philipp (10) und Sophia (7).

Stress und Krisen bewältigen

Stress und Krisen gehören zum Leben. Unser Alltag bringt Termindruck, Irritationen, Frustrationen, Forderungen und Verletzungen mit sich. Wir müssen Veränderungen bewältigen: Geburt eines Babys, Umzug, Gäste, Kommen und Gehen von Teilnehmern an Schulungsprogrammen, Integrieren neuer Mitarbeiter in die Gemeinschaft, Abschied von langjährigen Freunden, Heirat oder Auszug erwachsener Kinder …

Stress kommt in allen möglichen Formen vor und kann unterschiedlich intensiv sein. Jeder erlebt Stress. Zuviel davon, vor allem wenn er lange andauert, kann zu psychischer oder körperlicher Krankheit führen (»Burnout«). Andererseits kann kurzfristiger Stress eine positive Wirkung haben. Adrenalin wird ausgeschüttet und befähigt uns zu Höchstleistungen. Wir können Stress nicht immer vermeiden, aber wir können verhindern, dass er überhand nimmt und unser Leben ruiniert. Als Familie müssen wir lernen, konstruktiv mit Stress und Krisen umzugehen.

Wie viel Stress kann der Mensch verkraften?

Die wissenschaftliche Forschungsarbeit von Thomas Holmes und Richard Rahe, Psychiater an der Universität Washington, wird in der Fachliteratur häufig zitiert. Ihre »Soziale Bewertungsskala« umfasst viele Stressquellen. Sie bewertet Belastungen durch verschiedene Ereignisse im Leben. Über eine Skala von 1 bis 100 kann man die eigene Belastung einschätzen.

Arbeitsblatt: Stress-Faktoren

Wie hoch ist dein Stress-Level?

Ereignisse, mit denen eine Veränderung verbunden ist, verursachen Stress. Folgende Faktoren (positive wie negative) bewirken ein gewisses Maß an Stress (Wert in Klammern), Welche Faktoren treffen auf dich zu, wenn du die vergangenen 12 Monate überdenkst? Schreibe den angegebenen Wert in die entsprechende Zeile. (Wir empfehlen fünf Minuten zur persönlichen Vorbereitung und zehn Minuten zum Austausch mit dem Ehepartner oder in der Gruppe).

(100)	Tod des Ehepartners	_______
(75)	Scheidung	_______
(65)	Trennung vom Ehepartner	_______
(63)	Gefängnisaufenthalt	_______
(63)	Tod eines engen Familienmitglieds oder Freundes	_______
(53)	schwere Verletzung oder Krankheit	_______
(50)	Eheschließung	_______
(47)	Verlust der Arbeitsstelle	_______
(45)	Ehe-Streit und Versöhnung	_______
(45)	Pensionierung	_______
(44)	Erkrankung eines Familienmitglieds	_______
(40)	Schwangerschaft	_______
(39)	sexuelle Schwierigkeiten	_______
(39)	Familienzuwachs	_______
(39)	Berufliche Neuorientierung	_______
(38)	Änderung des finanziellen Status	_______
(35)	bedeutend mehr (oder weniger) Streit mit dem Ehepartner	_______
(32)	Aufnahme einer großen Hypothek oder eines großen Darlehens	_______
(30)	Ablehnung eines Darlehens	_______
(29)	Änderung in der Verantwortung am Arbeitsplatz	_______
(29)	Sohn oder Tochter ziehen aus	_______
(29)	Konflikte mit Schwiegereltern oder -kindern	_______
(28)	herausragende persönliche Leistung	_______
(26)	Berufsstart oder Pensionierung des Ehepartners	_______

(26)	Schulanfang oder -abschluss	________
(25)	Veränderung der Lebensbedingungen	________
(24)	bewusstes Verändern persönlicher Gewohnheiten	________
(23)	Ärger mit dem Chef	________
(20)	Änderung der Arbeitszeiten oder Arbeitsbedingungen	________
(20)	Wohnortwechsel	________
(20)	Schulwechsel	________
(19)	Änderung des Freizeitverhaltens	________
(19)	Veränderung des Engagements in der Gemeinde	________
(18)	Veränderung der gesellschaftlichen Aktivitäten	________
(17)	kleinere Hypothek oder kleineres Darlehen	________
(16)	Änderung der Schlafgewohnheiten	________
(15)	Veränderung der Häufigkeit von Familientreffen	________
(15)	Änderung der Essgewohnheiten	________
(13)	Urlaub	________
(12)	Weihnachten	________
(11)	kleinere Gesetzesübertretungen (z. B. Strafzettel)	________

Gesamtsumme: ________

Auswertung:
- 150 – 200 Punkte:
  alles im grünen Bereich!
- 200 – 300 Punkte:
  Achtung, deine Gesundheit ist in Gefahr!
  Du solltest etwas unternehmen, um Stress zu reduzieren.
- 300 Punkte und mehr:
  wenn du jetzt nichts unternimmst, steuerst du auf einen Burnout zu.

Anregung für die Gesprächsrunde

Erkennt Ihr weitere Stressfaktoren, denen insbesondere Familien im Dienst ausgesetzt sind? Mit welchem Faktor bewertet Ihr sie jeweils?

Beispiele
( ) Wechsel in einen anderen Beruf, Arbeits-, Dienstbereich
( ) zu viel vorgegebene Struktur der Arbeit
( ) zu wenig vorgegebene Struktur der Arbeit, Schwierigkeiten bei der Selbstorganisation
( ) Überforderung, zu viele Aufgaben
( ) fortwährender Termindruck
( ) größere dienstliche Veränderungen
( ) Mitarbeiter kommen und gehen
( ) Konflikte zwischen Mitarbeitern oder mit Vorgesetzten
( ) finanzieller Druck
( ) häufige Abwesenheit von zuhause
( ) Predigten / Referate vorbereiten
( ) Mitarbeitertreffen
( ) Mangelnde Zeit mit Gott
( ) Mangel an Bestätigung

Strategien für den Umgang mit Stress und Krisen

Gefahren für Burnout meiden

Stress empfindet jeder anders. Der Druck, den der eine aushält, macht dem anderen zu schaffen. Gefährlich wird es, wenn Stress zum Dauerzustand wird. Wenn ich mich permanent überfordert fühle, sollte ich schleunigst etwas unternehmen, um nicht auf einen Burnout zuzusteuern.

Was führt zu Burnout?

Kommen Hobbys und Familie auf Dauer zu kurz, sollten die Alarmglocken schrillen. Stelle ich fest, dass ich unter Dauerstress stehe, sollte ich mich fragen: Wodurch fühle ich mich überfordert? Könnte es sein, dass ich selbst dazu bei trage?

Hochgradig burnout-gefährdet sind alle, die Anerkennung und Selbstbewusstsein in hohem Maße aus dem Job oder Dienst beziehen. Bleiben dann Erfolge aus, oder werden sie nicht anerkannt, sind Frustration und Erschöpfung vorprogrammiert. Fühlt man sich als Opfer der Umstände, sollte man sich fragen, ob nicht ungesunde Denkmuster und Festlegungen Schienen sind, auf denen man auf eine Depression zusteuert (z. B. »Immer muss ich alle anderen retten.«).

Situationen, in denen wir an unsere Grenzen kommen, können genau die Chance sein, aus solch festgelegten Mustern auszubrechen und unser Denken zu erneuern, wie es der Apostel Paulus in Römer 12, Vers 2 empfiehlt. Dann ist es höchste Zeit, dafür Beratung oder seelsorgerliche Hilfe zu suchen.

Auch mangelndes Selbstmanagement könnte ein Faktor sein. An diesem Punkt wird viel von Personen verlangt, die auch ihre beruflichen Aufgaben selbst organisieren müssen.

Wer zu Perfektionismus neigt, sollte sich fragen: »Sind meine Ansprüche zu hoch?«, und »ist das wirklich meine Aufgabe?« denn manchmal wirkt Perfektionismus wie ein Sklaventreiber.

Kommen Hobbys und Familie auf Dauer zu kurz, sollten die Alarmglocken schrillen.

Seelenhygiene

Wir können uns auf das Gute konzentrieren und im Heute leben – Gott hat alles unter Kontrolle!

Sorgen rauben Energie, erzeugen Ängste und können uns völlig blockieren. Es ist besser, alles an Gott abzugeben und sich auf die guten Dinge zu konzentrieren. Wenn du ständig darüber nachdenkst, was du nächste Woche oder nächsten Monat alles zu tun hast, kann das erdrückend sein. Ein Tag ist jedoch normalerweise überschaubar. Also lebe im Heute und sorge dich nicht um Morgen!

»Good morning – this is God! I will be handling all your problems today. I will not need your help. So, have a good day!« (»Guten Morgen – hier spricht Gott! Ich werde mich heute um all deine Probleme kümmern. Ich schaffe es auch ohne dich. Also - genieße den Tag!«) Dieser Spruch an meiner Küchenwand erinnert mich daran, dass Gott alles im Griff hat. So kann ich meine Sorgen bei ihm abladen und mich auf das konzentrieren, was heute wichtig ist.

Philipper 4, 6 – 8: »Macht euch keine Sorgen! Ihr dürft Gott um alles bitten. Sagt ihm, was euch fehlt, und dankt ihm! Und Gottes Friede, der all unser Verstehen übersteigt, wird eure Herzen und Gedanken im Glauben an Jesus Christus bewahren. Schließlich, meine lieben Brüder und Schwestern, orientiert euch an dem, was wahrhaftig, gut und gerecht, was redlich und liebenswert ist und einen guten Ruf hat, an dem, was auch bei euren Mitmenschen als Tugend gilt und Lob verdient.«

»Good morning – this is God! I will be handling all your problems today. I will not need your help. So, have a good day!«
»Guten Morgen – hier spricht Gott! Ich werde mich heute um all deine Probleme kümmern. Ich schaffe es auch ohne dich. Also – genieße den Tag!«

Gott verheißt uns Zukunft und Hoffnung

Jeremia 29,11 »Denn ich allein weiß, was ich mit euch vorhabe: Ich, der Herr, werde euch Frieden schenken und euch aus dem Leid befreien. Ich gebe euch wieder Zukunft und Hoffnung.«
Dies schrieb der Prophet Jeremia an die Ältesten, Priester, Propheten und alle anderen, die den Angriff der Babylonier überlebt hatten und von Nebukadnezar verschleppt worden waren.

Gott, der dich erschaffen hat, hat einen Plan für dein Leben! Er kennt das Drehbuch.

Psalm 139,16 »Als ich gerade erst entstand, hast du mich schon gesehen. Alle Tage meines Lebens hast du in dein Buch geschrieben, noch bevor einer von ihnen begann.«

Auf die Perspektive kommt es an

Es gibt immer jemanden, dem es noch schlechter geht als mir. (»Okay, heute ist nicht mein Tag, aber es wird auch mal wieder besser.«).
Ich muss nicht alles kommentieren oder konfrontieren, zum Beispiel: »Es nervt mich, wenn du die Suppe schlürfst«, denke ich lieber, statt es auszusprechen.

Ich muss mich nicht für alles zuständig fühlen, zum Beispiel: »Wenn du dich daneben benimmst, ist es dein Job dich zu entschuldigen, nicht meiner.«

Langfristig denken

Einen göttlichen Auftrag zu haben, oder an etwas beteiligt zu sein, das größer ist als man selbst, erfüllt mit Zuversicht, gibt Sicherheit und hilft, mit dem täglichen Stress umzugehen, z. B. mit dem Dauerstress, den rebellierende Teenager verursachen können: ständige Grenzüberschreitungen, sich nicht an Absprachen halten, Probleme in der Schule, Freunde mit schlechtem Einfluss ... Hier hilft keine Vermeidungstaktik. Bis unsere Kinder selbständig geworden sind, müssen wir Eltern unsere Verantwortung durchtragen. Das bedeutet einerseits, energisch darauf zu bestehen, dass wichtige Pflichten erfüllt werden, andererseits zunehmend Freiraum zu gewähren, damit die Jugendlichen in Eigenverantwortung hineinwachsen können. Die Schwierigkeit besteht darin zu entscheiden, welche Schiene wann dran ist. Dabei ist hilfreich festzulegen, welche Bereiche nicht verhandelbar sind (z. B. Schulpflichten) und welche einen flexibleren Umgang vertragen. Mache dir bewusst, was du heute für deine Familie tust hat Auswirkungen auf die nächste und übernächste Generation. Du kannst über die tägliche Last deiner Familienpflichten klagen, oder sie als Möglichkeiten wahrnehmen, gesunde Menschen heranzuziehen, die weitere Generationen beeinflussen werden. Für welche Sichtweise willst du dich entscheiden?

> **Was du heute für deine Familie tust, hat Auswirkungen auf die nächste und übernächste Gerneration**

Lachen ist gesund

Sprüche 15, 13 »Ein fröhliches Herz macht ein fröhliches Angesicht; aber wenn das Herz bekümmert ist, entfällt auch der Mut.«
Sprüche 17, 22 »Ein fröhliches Herz tut dem Leibe wohl; aber ein betrübtes Gemüt lässt das Gebein verdorren.«

Humor und Lachen ist eine gute Medizin gegen Stress. Es ist gesund, wenn man über sich selbst lachen kann, wenn mal wieder etwas schief geht. Du kannst dafür sorgen, dass in deiner Familie gelacht wird. Plane z. B. ab und zu einen Spaßabend (Spiele, einen lustigen Film, Witze erzählen usw.).

Prioritäten setzen und Zeiträuber entlarven

Wir müssen aufpassen, dass wir unsere Familie nicht überfordern und nicht unsere Leistungsfähigkeit gefährden, weil wir auf zu vielen Hochzeiten gleichzeitig tanzen wollen. Im Vergleich zu früheren Jahrhunderten oder zu sogenannten primitiven Kulturen, ist unsere Zeit richtiggehend hektisch. Das einzige, was hilft unser Lebenstempo zu drosseln ist, Aktivitäten zu streichen und an der richtigen Stelle »Nein« zu sagen. Die Frage ist »wie«, denn alles erscheint so wichtig, dringend oder begehrenswert. Ohne durchdachte Prioritäten sind wir all den Kräften ausgeliefert, die Anspruch auf unsere Zeit erheben.

Manchmal liegt die Lösung vor unserer Nase. Im Haushalt, zum Beispiel, durch bessere Arbeitsteilung, oder indem wir den Standard etwas niedriger setzen. Computer und Fernsehen gehören zu den größten Zeiträubern in Familien. Festgelegte Zeitbegrenzungen können helfen und die Abmachung, dass der Fernseher nur für ausgewählte Programme eingeschaltet wird. Es gibt sogar Familien, die Filme nur über Video bzw. DVD ansehen und dadurch viel Zeit und die Fernsehgebühren sparen.

Ohne durchdachte Prioritäten sind wir all den Kräften ausgeliefert, die Anspruch auf unsere Zeit erheben

Entspannung und Erholung für Geist, Seele und Körper

Familienleben gleicht eher einem Marathonlauf als einem Sprint. Es dauert Jahrzehnte bis Kinder auf eigenen Beinen stehen. Entspannung ist wichtig, damit wir den Lauf gut durchhalten. Auch Gott hat sich am siebten Tag ausgeruht. Er gönnt uns Pausen und hat sie uns sogar verordnet.

Apropos Lauf – Bewegung (Wandern, Laufen, Radfahren …) ist ein bewährtes Mittel, um Stress und Spannung abzubauen. Entspannung findet man häufig in einem Kontrastprogramm zu dem, was man normalerweise tut. Manchmal lässt schon ein Tapetenwechsel die Seele durchatmen, z. B. weg vom Telefon oder vom Computer und eine halbe Stunde im Garten arbeiten oder kurz spazieren gehen.

Auch Kinder erleben emotionalen Stress (Konflikte mit anderen Kindern oder mit Lehrern, Lernschwierigkeiten, Noten usw.). Neben Spiel und Sport ist der Umgang mit Haustieren ein wirksamer Weg zum Entspannen und hat sogar einen therapeutischen Effekt.

Regelmäßige kleine Pausen auf dem Weg können den Super-Gau verhindern. Kurze Unterbrechungen der Anspannung zwischendurch bei einer Tasse Tee oder Kaffee verhindern auszubrennen. In der täglichen Zeit mit Gott schöpfen wir Kraft für Geist und Seele, sein Vorrat an Lebensenergie ist unerschöpflich.

Eine vielbeschäftigte Mutter verrät wie sie den langen Lauf durchhält: »Ein Nachmittag jede Woche gehört mir. Ab 15.00 Uhr habe ich frei! Dann gehe ich in der Stadt bummeln, hole mir in der Bibliothek ein Buch, sitze im Cafe und mache bei einer Tasse Kaffee Pläne für die nächste Woche oder überdenke was gerade anliegt.«

Für den Familien-Marathon ist ein ausgewogener Lebensstil eine Notwendigkeit. Uns Eheleuten hat der Schöpfer mit Erotik und Sexualität noch eine besondere und wunderbare Möglichkeit der Entspannung geschenkt. Wir sind eben nicht nur Arbeitskollegen und Eltern sondern auch ein Liebespaar.
Darlene Cunningham hat vor vielen Jahren erzählt, wie sie als junges Ehepaar in den Anfangsjahren von JMEM nur ihr kleines Schlafzimmer als privaten Raum hatten. Und so waren die Angelegenheiten des Dienstes auch hier das beherrschende Thema. Sie vereinbarten damals, diese Gespräche nur außerhalb des Bettes zu führen. Damit zogen sie eine Grenze, um den privaten Teil ihrer Beziehung zu schützen. Wenn wir die Romantik in unserer Ehe pflegen, werden die guten Gefühle auch auf den Alltag ausstrahlen.

Krisen kommen unerwartet

Der Tod eines Familienmitglieds, eine Fehlgeburt, schwere Krankheit, ein Autounfall, ein behindertes Kind ... Tragödien, die uns unerwartet treffen, können unser Leben von der einen auf die andere Minute völlig verändern. Sie erschüttern unser Lebenshaus. Plötzlich bekommen die Dinge in unserem Leben einen anderen Stellenwert. Wir können Krisen nicht vermeiden; entscheidend ist wie wir sie bewältigen.

Dankbarkeit als Überlebensstrategie

Konzentriere dich nicht auf das, was schlimm ist, sondern suche das Gute in der Situation. Vor einiger Zeit mussten wir die Scheidung einer guten Freundin miterleben. Sie meisterte die Krise, indem sie jeden Abend zehn Dinge aufschrieb, die an diesem Tag gut waren und wofür sie Gott danken wollte. Das bewahrte sie davor, in eine Depression zu fallen und nicht mehr funktionsfähig zu sein. Weil wir Gott kennen und wissen, dass er uns nie fallen lassen wird, können wir ihm mitten in der Krise für seine Treue danken und seine Hilfe erleben.

Psalm 50,23 »Wer Dank opfert, der preist mich und da ist der Weg, dass ich ihm zeige das Heil Gottes.«
Römer 8, 28 »Wir wissen aber, dass denen, die Gott lieben, alle Dinge zum Guten mitwirken.«

Anregung zum Partnergespräch und / oder für die Gesprächsrunde

Bitte zuerst einige Minuten der persönlichen Vorbereitung widmen.

- Wenn du feststellst, dass du unter Dauerstress leidest, solltest du dich fragen: Wodurch fühle ich mich überfordert? Wie trage ich selbst dazu bei? Was werde ich verändern?
- Betreibst du regelmäßig Seelenhygiene (Sorgen abladen, Gott bitten, Dankbarkeit ausdrücken – dich auf das Gute konzentrieren)? Wenn nicht, wie kannst du sie bewusst in deinen Alltag integrieren?
- Wie kannst du Humor und Lachen in deinen Familienalltag bringen?
- Wie könntest du Stress in deiner Familie reduzieren, indem du Prioritäten veränderst?
- Wo dominiert z. B. Hausarbeit über die Zeit mit der Familie (müssen Unterwäsche, Bettwäsche, Geschirrtücher wirklich gebügelt werden)?
- Könnten Kinder einen Teil der Hausarbeit (Putzen, Kochen, Wäsche) übernehmen und so die Eltern entlasten?
- Wie steht es um eueren Medienkonsum? Wie viel Zeit verbringt ihr und eure Kinder vor dem Fernseher und Computer? Könntet ihr Zeit sinnvoller einsetzen?

Gute Beziehungen sind ein tragfähiges Netz

Vor einigen Jahren war Andreas sehr krank und musste vier Wochen im Krankenhaus und anschließend weitere vier Wochen in einer Kurklinik verbringen. Unsere JMEM-Gemeinschaft war für unsere Familie in dieser Zeit eine wertvolle Unterstützung. Damit ich (Angela) Andreas jeden Tag im Krankenhaus besuchen konnte, holten Freunde Julia vom Kindergarten ab, kochten für uns mit und begleiteten uns mit Gebet und Ermutigung. In dieser Zeit durfte ich die Erfahrung machen, dass andere da sind und mir die Arme hochhalten, für mich beten, mich ermutigen und mit anpacken, wenn ich nicht mehr kann.

Gute Beziehungen unter Christen sind kein Luxus für einige Privilegierte, sondern wurden von Jesus als normaler Standard gesehen. In unseren Gemeinden und Gemeinschaften müssen wir daran arbeiten, dass das Gebot Jesu greifbare Realität im Alltag ist.

Vorsorge treffen

Manche Krisen kündigen sich an, aber häufig kommen sie unerwartet. Wir können uns nicht wirklich darauf vorbereiten. Und doch ist es im Falle des Falles eine große Hilfe, wenn klar ist was als nächstes zu tun ist und wo z. B. wichtige Dokumente zu finden sind.

Welche Regelungen habt ihr für den Todesfall getroffen? Habt Ihr finanziell vorgesorgt, ein Testament verfasst? Weiß auch der Ehepartner, der sich normalerweise nicht um diese Dinge kümmert, wo Versicherungsunterlagen aufbewahrt sind? Wissen eure Kinder zu wem sie im Notfall gehen können? Habt Ihr Freunde oder Verwandte (z. B. Paten), die sich im Notfall um sie kümmern?

Wir haben uns z. B. vorgenommen, noch in diesem Jahr einen »Notfallordner« anzulegen, in dem unsere Kinder alles finden können, das ihnen weiterhilft, wenn wir nicht mehr geschäftsfähig sein sollten.

Empfehlung zum Abschluss der Einheit

Gebetsrunde mit dem Schwerpunkt: »Dank für Gottes Hilfe in zurückliegenden Stresssituationen und Krisen«, für Seine Zusage, dass er uns nie fallen lassen wird.

Arbeitsblatt:
»Stress und Krisen bewältigen«

Anregung zum Partnergespräch

Wir empfehlen fünf Minuten zur persönlichen Vorbereitung. Anschließend 20 bis 30 Minuten für das Partnergespräch.

1. Entspannung

- Welches Kontrastprogramm wäre für mich persönlich ideal?
- Für uns als Ehepaar?
- Wie entspanne ich mich am besten – mit anderen oder allein?
- Welche Art der Entspannung könnten wir beide genießen?
- Haben wir genügend Zeit und Raum für den romantischen Teil unserer Ehe?

2. Prioritäten

- Sprecht als Ehepaar darüber, wie ihr euch das Leben zwischen 70 und 90 vorstellt und was ihr euch für diesen Zeitabschnitt wünscht. Welche Schritte solltet ihr schon heute einleiten, damit eure Vorstellungen Wirklichkeit werden können?
- In einer Krise wird uns bewusst was tatsächlich wichtig ist. Deshalb versetze dich in folgende Situation: Du weißt, dass du nur noch sechs Monate zu leben hast. Was möchtest du in dieser Zeit unbedingt umsetzen? Bewerte auf einer Skala von 1 bis 10, wie wichtig dir diese Dinge tatsächlich sind. Erzähle deinem Partner deine Überlegungen.

3. Krisen

- Stellt zusammen, welche Regelungen ihr für den Todesfall getroffen habt.
- Legt gemeinsam einen »Notfallordner« an: Auflistung der Versicherungen, etc. und weiht eure großen Kinder ein. Falls eure Kinder noch klein sind, legt fest, wen ihr als Vertraute einweiht.

Aktion für die Familie
»Umgang mit Stress und Krisen«

- Plant für die nächste Woche einen Spaßabend: Spiele, lustiger Film, Witze erzählen, lustige Anekdoten aus der Kindheit usw.
- Was könnt ihr als Familie gemeinsam tun um zu entspannen? (Lesen, spielen, singen, wandern, Radfahren, Wintersport, laufen, tanzen, kreativ sein oder nichts tun? Allein oder mit anderen? Drinnen oder draußen? Angeln, Boot fahren, Fotografieren ...)
- Wenn ihr als Familie schon mal eine Krise erlebt habt, erzählt einander wie ihr euch in der Krise gefühlt habt und was euch am meisten geholfen hat. Überlegt auch, was ihr durch die Krise gelernt habt und ob diese Krise in irgendeiner Weise Segen brachte.

Zur Vertiefung

Ute Horn: »Meine Krise – Gottes Chance«, Hänssler Verlag
Carolyn Ros: »Zerbrochene Träume, erfüllte Verheißungen –
die Geschichte von einer Suche nach Halt im Leid«, Asaph Verlag

Shanie Hinge – **Der dringendste Wunsch meines Kindes wurde nicht erfüllt**

Unsere Kinder zu erziehen, während wir als Missionare leben und arbeiten, gehört zu unseren schönsten Lebenserfahrungen. Die Fülle an Erfahrungen ist unbezahlbar. Die Reife, die unsere Kinder gewonnen haben, erfüllt mich mit großer Dankbarkeit. Das hatte natürlich auch seinen Preis.

Eine der schwierigsten Erfahrungen, war der Mangel an gleichaltrigen Freunden. Während all der Jahre war dies ein dringendes Gebetsanliegen. Selbst wenn unsere Töchter mal eine Freundschaft knüpfen konnten, wurde sie bald wieder durch einen Umzug beendet. Nach etwa einem Jahr in Ungarn, in dem wir eine Krise nach der anderen erlebt und überall nach Spielkameraden gesucht hatten, wurde es für uns zu einem großen Anliegen, unseren Kindern ein möglichst »normales Leben« bieten zu können.

Meine Tochter Elisabeth, damals sieben Jahre alt, weinte, weil sie sich so sehr eine Freundin wünschte. Ich fühlte mich als Mutter an ihrer Misere schuldig und konnte doch nichts dagegen tun.

Ich erklärte ihr, dass ich ebenso sehr wie sie wünschte, sie hätte eine Freundin, aber nicht wüsste wie man das Problem lösen könne, außer durch Gebet. Sie betete: »Lieber Jesus, ich wünsche mir so sehr eine Freundin, und ich bitte dich mir jemanden zu schicken, mit dem ich spielen kann. Aber wenn du es nicht tust, dann weiß ich immer noch, dass du das Beste für mich willst. Also, wenn du mir niemanden schickst, ist es auch in Ordnung, weil ich weiß, dass du dich um mich kümmerst.« Statt zu denken »Toll, welch ein Gebet für eine Siebenjährige!« erzeugte ihr Gebet in mir solchen Ärger und Frustration Gott gegenüber, dass ich in mein Zimmer ging und Gott anklagte: »Mein Kind sollte dieses Gebet nicht nötig haben!«

Nachdem ich mich etwas beruhigt hatte, begann Gott mir seine Perspektive zu zeigen: »Shanie, ich habe dich weder gebeten deiner Tochter ein normales, noch ein leichtes Leben zu bieten. Ich erwarte nur von dir, dass du mit ihr durch das Leben gehst und ihr zeigst, wie sie trotz aller Schwierigkeiten ihr Vertrauen auf mich setzen kann. Ich bereite sie auf ihre Zukunft vor und bitte dich, mit ihr durch diese schwierige Zeit zu gehen und ihr zu helfen, dass nicht Bitterkeit und Ärger in ihrem Herzen Wurzeln schlagen.«

Ich war schockiert, doch gleichzeitig erfüllte mich ein solch tiefer Friede, dass ich wusste, Gott hatte zu mir gesprochen. Damit die Botschaft auch wirklich bei mir ankam, folgte zwei Tage später noch eine Bestätigung. Wir waren im Auto unterwegs, als plötzlich vom Rücksitz ein lauter Schrei kam. Erschrocken drehte ich mich zu Elizabeth um und fragte:

»Was ist passiert?« Ihre Augen funkelten und mit einem breiten Lachen antwortete sie: »Nichts, Mama. Ich finde nur mein Leben so begeisternd und toll. Danke, dass ihr mit uns nach Ungarn gezogen seid!«

Elizabeth ist jetzt 18 Jahre alt. Sie hat eine Jüngerschaftsschule besucht und beginnt gerade ihr Studium an der University of the Nations im Bereich Kommunikation und Medienproduktion. Sie möchte Menschen durch die Medien erreichen. Ihr bisheriges Leben findet Elisabeth begeisternd und sagt uns immer wieder wie dankbar sie dafür ist, weil sie dadurch eine enge Beziehung zu Gott entwickelt hat und er ihr bester Freund geworden ist.

Wir haben festgestellt, dass unsere Haltung ein Schlüssel für die Entwicklung unserer Kinder war. Wo wir ihnen unsere Überzeugung vermitteln konnten, dass es ein Privileg für uns als Familie ist als Missionare unterwegs zu sein, haben sie diese Begeisterung geteilt. Das heißt nicht, dass wir einfach tun was uns richtig scheint, sie mitkommen und unter unseren Entscheidungen leiden. Wie es ihnen dabei geht, ist uns immer wichtig. Wenn sie nicht klar kommen, bitten wir Gott um Führung und sind bereit, was immer nötig ist zu verändern, damit sie keinen Schaden davon tragen.

Als vor drei Jahren eine unserer Töchter Probleme hatte, zeigte uns Gott, dass es Zeit war, um unserer Kinder willen für eine Zeit in die USA zurückzukehren. Sie hatten gelernt, was für sie in Europa zu lernen war. Jetzt ist Amerika dran. Wir leben jetzt seit fast drei Jahren in den USA, und diese Zeit war nicht ohne Schwierigkeiten. Interessant ist, dass ausgerechnet die Tochter, die so sehr darunter gelitten hatte, dass wir in Ungarn lebten, jetzt eine Leidenschaft für Mission entwickelt hat. Sie möchte als Missionarin zurück nach Osteuropa gehen. Das hätten wir noch vor zwei Jahren für unmöglich gehalten. Bald wird sie eine Jüngerschaftsschule in der Slowakei besuchen. Während der vergangenen zwei Jahre hat Gott im Leben dieses Mädchens wunderbar gewirkt, während wir lediglich gehorsam waren und Seinem Plan folgten.

Kinder zu haben war weder für Peter noch für mich jemals ein Grund unsere Arbeit als Missionare aufzugeben. Als die Kinder kamen, war es ganz natürlich unsere Arbeit fortzuführen – mit ihnen eng an unserer Seite. Wir sind überzeugt, dass Gott auch unsere Kinder beruft, wenn er uns beide in die Mission gerufen hat und sie auch eine wichtige Rolle zu spielen haben. Als Eltern haben wir die Verantwortung herauszufinden wie wir diesen Auftrag ausführen sollen und welche Änderungen im Dienst wir vornehmen müssen, so dass jedes Kind seinen Platz in unserem Dienst-Team finden kann. Natürlich gab es hin und wieder Situationen, in denen es besser für sie war, auch einmal nicht beteiligt zu sein. Dann mussten wir abwägen, wer von uns beiden die jeweilige Aufgabe am besten ausfüllen konnte, und der andere blieb mit den Kindern zuhause.

Bevor die Kinder nicht mindestens zwei Jahre alt waren, war ich als Mutter nie über Nacht von zuhause weg.

In ihren ersten Lebensjahren bestand die Beteiligung der Kinder am Dienst lediglich darin »dabei zu sein«. Doch als sie älter wurden, hielten wir nach Gelegenheiten Ausschau, wie sie sich einbringen konnten. Manchmal waren es so einfache Dinge wie Papier austeilen, helfen, das Zimmer für einen Gastsprecher zu richten oder Notizen an die Tafel schreiben, während wir einen Vortrag hielten.

Inzwischen arbeiten sie bei unseren Konferenzen mit und übernehmen sogar einen Teil der Vorträge. Es ist eine Freude und ein Abenteuer gemeinsam unterwegs zu sein!

Folgende Schlüssel hat Gott uns als Familie im Dienst gegeben: Erstens, die Kinder, wenn irgend möglich, entsprechend ihren Fähigkeiten, Begabungen und Wünschen mit einbeziehen und zweitens, Schwierigkeiten und Veränderungen immer mit ihnen verarbeiten.

Shanie Hinge ist als Missionarskind aufgewachsen. Shanie (U.S.A.) und ihr Mann Peter (Dänemark) sind seit 1987 Mitarbeiter bei Jugend mit einer Mission. Sie sind verantwortlich für »King's Kids« in Osteuropa. Die Familie lebte von 1996 bis 2006 in Ungarn. Zurzeit wohnt sie in den USA. Die Töchter sind 18, 17 und 12 Jahre alt.

Shirley Jones – **Unser behindertes Kind hat einen besonderen Auftrag**

Unter großer Anspannung saßen wir im Wartezimmer. Ich hatte auf der Gynäkologiestation des Krankenhauses angerufen, um das Ergebnis des Bluttests zu erfragen, der im 4. Schwangerschaftsmonat unseres zweiten Kindes routinemäßig durchgeführt wurde. Nach einer unangenehmen Pause am anderen Ende der Leitung wurde ich gebeten, am Nachmittag zu einem Gespräch in die Praxis zu kommen. Ich rief Roy, meinen Mann, im Büro an und bat ihn mitzukommen. Als wir schließlich an der Reihe waren, teilte uns der Arzt mit, dass unser Baby mit hoher Wahrscheinlichkeit unter dem Down-Syndrom litt. Er riet uns zu einem weiteren Test, der Klarheit schaffen sollte. Doch ich lehnte ab. Ich wollte lieber bis zur Geburt warten.

Etwa drei Wochen später, als wir während unseres Urlaubs Roys Bruder in Kona, Hawaii, besuchten, der dort bei Jugend mit einer Mission (JMEM) mitarbeitete, rief Gott uns zu JMEM. Obwohl dies damals völlig unerwartet kam, können wir im Rückblick erkennen, wie

Gott uns für diesen Dienst vorbereitet hatte. Das Gespräch mit dem Arzt war noch ganz lebendig in unseren Köpfen. Roys Reaktion war, wenn Gott uns wirklich in die Mission ruft, würde er uns kein behindertes Kind geben, das diesen Ruf behindert. Als Mutter empfand ich, Gott wird unser neues Baby in den Plan mit einbeziehen, den er für uns als zukünftige Missionare hat.

Als Amy am letzten Tag des Jahres 1993 geboren wurde, war sofort klar, dass sie ein Down-Syndrom-Baby war. Dass sie darüber hinaus eine schwere Herzerkrankung hatte, wussten wir zu diesem Zeitpunkt noch nicht. Trotz Ultraschall war dieses Problem nicht erkannt worden und wir sahen darin Gottes Bewahrung vor weiteren Sorgen während der Schwangerschaft. Amy wurde mit zwölf Wochen am Herzen operiert und dank vieler Beter war die Operation erstaunlich erfolgreich. Ist nur ein Kind in der Familie behindert ist, kann es leicht passieren, dass den anderen Geschwistern nicht die gleiche Aufmerksamkeit geschenkt wird. Während Amy sich von ihrer schweren Herzoperation erholte, blieb Catherine, die Älteste, bei den Großeltern. Sie war damals erst zwei Jahre alt und verstand sicher nicht immer was hier passierte. Dennoch wird Amy von ihrer großen Schwester heiß geliebt. Obwohl sie für Amys Behinderung zurückstehen musste und sich verständlicherweise für sie schämte, hat Catherine ihrer kleinen Schwester immer große Geduld und Liebe entgegen gebracht.

Während der ersten Tage nach Amys Geburt sprach Gott durch Jesaja 45 zu mir: »... Sagt vielleicht der Ton zum Töpfer: »Was machst du da?« Hält er ihm vor: »Was du formst, ist misslungen!« Wer hat das Recht, zu einem Vater zu sagen: »Warum hast du gezeugt?« Oder zu einer Frau: »Warum hast du in Geburtswehen gelegen?« Vers 7 erinnerte mich daran, dass Er Gott ist. Es gibt keinen anderen. Er hat das Licht und die Finsternis geschaffen. Er bringt Glück und Unglück. Er, der Herr, hat all diese Dinge geschaffen.

Fünfzehn Monate nach dieser schwierigen Lebensphase, nahmen wir an einer Jüngerschaftsschule in den USA teil. Obwohl Amy vor unserer Abreise oft schwach und krank gewesen war, mussten wir während der gesamten Unterrichtszeit von zwölf Wochen kein einziges Mal mit ihr zum Arzt.

Kurz nach Amys drittem Geburtstag zogen wir in die Schweiz. Sie hatte stabile Phasen, in denen sie gesund war, aber besonders in der Winterzeit war sie oft krank. Als sie vier Jahre alt war, war Roy einmal in Mittelamerika unterwegs, und Amy kam von ihrer Spezialschule mit einer sich schnell ausbreitenden Entzündung am Arm nachhause. Ein anderer Schüler hatte sie gekratzt. Während ich mit ihr in der Notaufnahme des Krankenhauses war, sandte Gott Engel in Form einer guten Freundin und deren Familie von unserer Heimatgemeinde in England. Sie waren die ersten von vielen »Engeln«, die immer dann da waren, wenn wir Hilfe brauchten. Im Rückblick erkennen wir klar Gottes Hand darin, dass viele Menschen von nah und fern uns zum richtigen Zeitpunkt unterstützten.

Kurz nach Amys sechstem Geburtstag, fuhren wir als Familie nach Norwegen, um an einem Kurs für Leiter teilzunehmen. Ihre Lehrer in Lausanne nahmen später freudig zur Kenntnis, dass Amys Entwicklung, ihre Sozialkompetenz und Unabhängigkeit in dieser Zeit große Fortschritte gemacht hatten. Auch während dieser drei Monate brauchte Amy keine Medizin, obwohl es oft sehr kalt war.

Roy und ich sind »Projekt-Leute«, d. h. wir beginnen ein Projekt, das Gott uns aufs Herz legt und bringen es zu Ende. Dann legen wir eine kurze Pause ein und gehen das nächste Projekt an. Dieser Lebensstil, zu dem Gott uns berufen hat, klappt mit Amy gut, die immer noch recht anfällig für Krankheiten ist, besonders im Winter. Bisher kamen solche Krankheitsschübe vorwiegend in Zeiten, wenn wenig los war. Selbst wenn sie Hilfe braucht, während wir ein Camp oder Seminar durchführen, haben wir immer einen Weg gefunden weiter zu machen und das Projekt zu Ende zu bringen.

Amy richtet die Aufmerksamkeit der Leute auf Gott. Anscheinend ist ihr Geist sehr sensibel. Sie liebt Lobpreis, und es ist eine Freude ihr zuzusehen, wenn sie Gott anbetet. Amy hat eine scharfe Wahrnehmung, ist freundlich, liebevoll und mitfühlend. Wir preisen Gott für das Privileg, ihre Eltern zu sein. In den Schwierigkeiten, die durch ihre Begrenzungen entstehen erleben wir sein Handeln.
Kurz nach ihrer Geburt teilte man uns mit, Amy würde nicht über das Teenageralter hinaus kommen. Ob das so eintreffen wird oder nicht, ist nicht entscheidend. Sie hat schon jetzt viele Menschen berührt, und ihr Zeugnis wird weiter bestehen.

In Lukas 2,19 heißt es: »Maria aber behielt alle diese Worte und erwog sie in ihrem Herzen.« Gott hat mir durch dieses Wort gezeigt, dass ich Amy beobachten und von ihrer Lebenseinstellung lernen soll. Das hat mein Leben (und auch das Leben Roys und Catherines) mehr als wir je für möglich hielten bereichert.

Shirley Jones (IRL) und ihr Mann Roy Jones (UK) sind seit 1995 als Missionare bei JMEM und arbeiten im Family Resource Centre sowie mit YWAM Associates. Sie wohnen seit 1997 in der Schweiz und haben zwei Töchter im Teenageralter.

Karen Purves –
Mission bedeutet Hürden überwinden

Im Missionseinsatz wurde unser Kind krank
Unsere vierköpfige Familie war Teil eines Einsatzteams nach Japan. Mit all den normalen Schwierigkeiten im Team und mit der Kultur kamen wir klar, waren aber gänzlich unvorbereitet auf die plötzliche schwere Erkrankung unserer 16-jährigen Tochter. Die Gemeinde, mit der wir zusammenarbeiteten, brachte uns in Kontakt mit einem christlichen Krankenhaus, das allerdings 100 km entfernt war. Dort wurde Jolene sofort aufgenommen. Die Symptome legten den Verdacht auf Leukämie nahe. Drei Tage mussten wir auf die Testergebnisse warten. Es war eine furchtbar lange Wartezeit für uns Eltern, in der wir viel Gelegenheit hatten, Gott »das Recht auf unsere Tochter abzugeben«. Der behandelnde Arzt schlug vor, Jolene nach Kanada zu bringen, damit sie in ihrer Heimat behandelt werden könnte. Als wir darüber beteten, wurde uns jedoch deutlich, dass uns Gott nicht gesagt hatte Japan zu verlassen, und so baten wir den Arzt, Jolene weiter zu behandeln.
Wir waren sehr erleichtert, als sich heraus stellte, dass sie nicht Leukämie, sondern Pfeiffersches Drüsenfieber hatte. Zu jener Zeit war diese Krankheit in Japan relativ unbekannt und deshalb schwer zu diagnostizieren. Während der nächsten zehn Tage fuhren wir jeden Tag ins Krankenhaus. Jolene erlebte Japan pur (zum Frühstück Miso-Suppe – jeden Tag!), und unsere Beziehungen mit der Gemeinde und mit dem Arzt vertieften sich.

Damals haben wir erfahren, Gott kümmert sich um unsere Kinder, wenn wir uns als Familie in den missionarischen Dienst wagen. In den letzten 16 Jahren, in denen wir im Dienst standen, hat es sich immer wieder bestätigt: Gott ist vertrauenswürdig!

Die Ausbildung lief nicht nach Plan
Unsere jüngste Tochter, Janell, ging drei Jahre in eine schwedische Schule. Am Ende der dritten Klasse konnte sie Englisch weder lesen noch schreiben! Die folgenden drei Jahre wurde sie zum Teil zuhause unterrichtet, zum Teil besuchte sie eine russische und eine litauische Schule. Dann trat sie in eine kleine Missionsschule ein, in der ein Lehrer aus Amerika und einer aus Litauen unterrichtete. Es gab Zeiten, in denen wir uns fragten, ob Janell mit diesem Kulturen-Mix und den verschiedenen Schulsystemen überhaupt eine ordentliche Schulbildung bekommen würde. Als die Zeit für die Oberstufe gekommen war, tat sich die Möglichkeit auf, dass sie bei einer Familie in Kanada leben und ihre Schulzeit dort abschließen konnte. Welch schwere Entscheidung! Wir sollten uns von unserer Jüngsten trennen, die gerade mal 16 Jahre alt war! Wir fragten uns, ob sie sich mit ihren unterschied-

lichen schulischen Erfahrungen im kanadischen Schulsystem zurechtfinden würde. Schließlich trafen wir die Entscheidung gemeinsam als Familie und nahmen das Angebot an. Manchmal war es schwer, weil wir uns nur während der Sommerferien und an Weihnachten sehen konnten. Aber keiner von uns hat diese Entscheidung jemals bereut. Statistiken belegen, dass Drittkultur-Kinder auf vielen Gebieten hervorragende Leistungen zeigen – gerade wegen ihrer vielfältigen kulturellen Erfahrungen. Janell schloss die Schule in Kanada mit Auszeichnung ab, studiert heute an einer Christlichen Universität in Litauen, und es geht ihr sehr gut.

Aus unserer Erfahrung gewann ich die Überzeugung: Es ist möglich eine Familie im Dienst zu sein und die Hürden zu überwinden, die sich in Form von Krankheit oder verschiedenen Bildungssystemen in den Weg stellen.

Randy und Karen Purves begannen 1993 ihren Dienst bei JMEM, nachdem sie eine Jüngerschaftsschule in Kona, Hawaii, besucht hatten. Nach drei Jahren Mitarbeit bei JMEM Schweden leben und arbeiten sie seit 1996 als Missionare in Litauen. Randy und Karen haben drei Töchter und neun Enkelkinder.

Barb Foye –
Haarscharf am Burnout vorbei

Prioritäten in einer Pioniersituation
Als Ehefrau und Mutter habe ich die meisten Dienstjahre bei Jugend mit einer Mission damit verbracht, gemeinsam mit meinem Mann eine neue Arbeit in Tschechien anzufangen, zu entwickeln und ein Team aufzubauen.

Als Persönlichkeit bin ich aufgabenorientiert. Ich sehe die Schwachstellen in einem Projekt und will sie ändern. So gibt es immer 1000 Dinge, die getan werden müssten. Als Single und junge Ehefrau konnte ich damit noch recht gut umgehen, indem ich mir Aufgabenlisten schrieb, die ich abarbeitete. Als jedoch unsere beiden Kinder kamen und die Dienstverantwortung wuchs, fiel es mir immer schwerer Prioritäten und Grenzen zu setzen.

Trennung von Arbeitsplatz und Familie
Während der ersten Jahre in Tschechien war unsere Wohnung das Dienstzentrum (einschließlich des Faxgerätes am Ende unseres Bettes, das mitten in der Nacht schrecklich ratterte, weil unsere Freunde in den USA Geld sparen wollten indem sie ihre Faxe erst am

späten Nachmittag verschickten). Das war so lange in Ordnung wie unser Team nur aus meinem Mann und mir bestand. Sobald das Team wuchs, wurde es notwendig, einen »neutralen« Raum als Büro einzurichten, wo man »zur Arbeit« ging.

Teamzusammensetzung

In den ersten Jahren bestand unser Team nur aus unserer Familie und einer jungen Frau. Diese Teamzusammensetzung ist auf längere Sicht nicht empfehlenswert. Die Bedürfnisse der Familienmitglieder nach Beziehung und Freundschaft werden meist innerhalb der Familie gedeckt, während Singles sich mehr auf das Team beziehen. Wenn Erwartungen nicht erfüllt werden, kann dies auf beiden Seiten zu Enttäuschungen und Konflikten führen. Es ist viel besser, wenn neben der Familie mehrere Singles zum Team gehören.

Die Notbremse ziehen

Es gab eine Phase, in der ich mich auf dem besten Weg zu einem Burnout befand. Eine gute Freundin machte mich auf die gefährliche Situation aufmerksam und ermutigte mich, für mindestens ein Jahr aus dem Dienst auszusteigen. Obwohl es nicht einfach war, nicht mehr mitten im Geschehen zu sein, rettete diese Entscheidung meine Gesundheit und Lebensfreude. Meine Familienpflichten und der Kauf eines großen renovierungsbedürftigen Gebäudes neben Anforderungen, die sich aus dem Dienst ergaben brauchten soviel Aufmerksamkeit, dass ich auch später nicht wieder voll eingestiegen bin. Es dauerte einige Zeit bis ich dazu stehen konnte (z. B. kämpfte ich manchmal gegen das Gefühl »nicht genug zu leisten«), aber schließlich schaffte ich die Umstellung.

Einen ausgewogenen Lebensstil kultivieren

Seit meiner »Beinahe-Burnout-Phase« habe ich bewusst einige Maßnahmen getroffen, die mir helfen mich zu entspannen und auf meine persönlichen Grenzen zu achten. Mein Mann und ich versuchen z. B. unsere Abende und Wochenenden für Familie und Freunde zu reservieren. Das ist nicht immer möglich, weil manche Dienste gerade zu diesen Zeiten stattfinden. Aber wir bemühen uns darum. Außerdem plane ich möglichst täglich eine Zeit der Entspannung ein, in der ich lese oder etwas tue was mir Freude macht.

Die Rolle der Lebensphase anpassen

Als Single ging ich völlig im Dienst auf, war sehr beschäftigt und viel unterwegs. Als junges Paar und in den ersten Jahren mit Babys waren wir beide sehr engagiert und haben vieles gemeinsam gemacht. Als die Kinder älter wurden, investierte ich mehr Zeit zuhause und begann mich zurückzuziehen. Parallel dazu entwickelten sich die Verantwortungsbereiche meines Mannes stärker. In dieser Phase war ich immer noch Teil des Dienstteams, hauptsächlich in der Verwaltung, half hier und da und beantworte Fragen, aber ich fungierte nicht mehr als »Co-Leiter«. Diese Veränderung meiner Rolle musste hin und wieder dem Team gegenüber erklärt werden, so dass die Erwartungen der Leute an mich und meine eigenen nicht auseinander drifteten.

Meine Familie lieben heißt »tun, was getan werden muss«

Ich habe lange gebraucht um zu begreifen (und noch länger zu akzeptieren), dass der Großteil der Elternzeit, speziell für Mütter, nicht darin besteht »im Dienst Erfüllung zu finden«, sondern vielmehr die Verantwortung und Verpflichtung als Eltern wahrzunehmen. Manche mögen die Aufgaben, die mit Mutterschaft und Hausfrauenjob einhergehen als erfüllend erleben. Leider gehöre ich nicht zu diesen Frauen. Für mich sind Aufgaben wie Putzen, Wäschepflege, Aufräumen, Kinder chauffieren, Lebensmittel einkaufen etc. im besten Fall Pflichten, die erfüllt werden müssen. Ich erledige sie, weil sie getan werden müssen und weil ich meine Familie liebe. Damit drücke ich meinem Mann und meinen Kindern meine Liebe aus.

Gemeinschaftsleben bereichert die Familie

Obwohl unser Team nicht an einem Ort zusammen lebt, haben wir viele Gelegenheiten, Gemeinschaft zu leben, zum Beispiel, indem wir viele Gäste beherbergen. Ich empfand dies fast immer als Segen, besonders für unsere Kinder. Jeden, der zu uns kommt, sehe ich zunächst als jemand, der einen positiven Einfluss auf uns, unsere Familie und unsere Kinder haben kann. Im Vergleich mit anderen Kindern in ihrem Umfeld wachsen unsere Söhne mit einer größeren Perspektive auf. Weil sie immer wieder neue Leute kennenlernen, interessieren sie sich für andere Menschen und Kulturen, und es fällt ihnen leicht auf neue Leute zuzugehen. Gäste zu beherbergen und zu bewirten kostet Zeit, Kraft und Geld, und es gibt Tage, an denen ich am liebsten »Nein« sagen würde, wenn schon wieder jemand anfragt, ob er uns besuchen kann. Doch unsere Gäste waren **immer** ein Segen und jetzt, wo wir zwei Teenager im Haus haben, bete ich, dass engagierte »coole« junge Männer zu uns kommen, mit denen unsere Jungs Zeit verbringen können, selbst wenn es nur ein oder zwei Tage sind.

Ich habe nie die Geschichte vergessen, die ich bei einer Konferenz hörte. Die Referentin sprach über die Kosten der Gastfreundschaft. Die Tochter ihrer Freundin studierte in der nächsten Stadt und sie hatte ihr angeboten, sie könne jederzeit zu Besuch kommen. Die Familie (einschließlich der Tochter im Teenager-Alter) hatte gerade beschlossen ausnahmsweise mal ein ruhiges Wochenende zuhause zu verbringen, als die junge Frau anrief und fragte, ob sie mit einigen Freundinnen zu Besuch kommen könne. Die Referentin berichtete, dass es ihr sehr schwer fiel, ihr Angebot aufrecht zu erhalten. Sie konnte nur beten: »Herr, bitte lass die Mädels nicht merken, dass ich sie nicht hier haben wollte.« Jahre später fand sie heraus, dass ihre Tochter zu dieser Zeit mit Dingen zu tun hatte, die ihr schadeten. Dieses Wochenende war der Wendepunkt im Leben der Tochter. Eines der Mädchen hatte sie auf ihren Lebensstil angesprochen und ihr ins Gewissen geredet. Jedes Mal, *wenn ich über diese Geschichte nachdenke, kommen mir die Tränen. Wir haben keine Ahnung, wie Gott die Menschen, die er uns über den Weg schickt, im Leben unserer Kinder (oder in unserem eigenen Leben) gebraucht. Wann immer ich über »noch einen Gast« stöhne, erinnert Gott mich an diese Geschichte, und meine Perspektive verändert sich.*

Jungverheiratete in einer Gemeinschaft

Als jungverheiratetes Ehepaar wurde es für uns wichtig, unsere eigene Wohnung zu haben und nicht mit Arbeit überladen zu werden. Wir dachten damals, »das schaffen wir schon!« und sahen nicht, dass die Entwicklung einer Ehe auch Arbeit ist. Manchmal ist es nicht ganz einfach, das Gleichgewicht zu finden – genügend gefordert zu sein und Zeit und Raum zu haben, ein stabiles Fundament für die Ehe zu bauen. Es lohnt sich. Die Verantwortlichen in einer Gemeinschaft sollten ein junges Paar dabei unterstützen die Entwicklung einer gesunden Ehe zur Priorität zu machen.

Babys und Dienst

Die Kleinkind-Phase ist vermutlich die schwierigste für Mütter, besonders für diejenigen, die vorher vollzeitig im Dienst waren. Ich erinnere mich an die Monate nachdem unser erstes Kind geboren war. Ich kam mir vor, als wäre ich mit Tempo 100 an eine Wand geknallt und dachte, ich würde den Rest meines Lebens zuhause mit Windelwechseln verbringen. Ich habe schnell entdeckt, dass dies nicht der Realität entspricht. Babys sind ziemlich flexibel und mobil, so dass Mütter vieles von dem was sie vorher gemacht haben – mit etwas Anpassung – wieder aufnehmen können.

Mit kleinen Kindern in der Gemeinschaft

Wenn wir bei Mitarbeitertreffen und anderen Gemeinschaftszeiten die Mütter dabei haben wollen, müssen wir für Kinderbetreuung sorgen. Grundsätzlich ist es wichtig, dass einerseits die Eltern ihre Kinder und deren Aktivitäten überwachen und dass andererseits die übrige Mitarbeiterschaft Geduld und Toleranz für „normales Verhalten" der Kinder aufbringt. Dies ist nicht immer einfach. Regelmäßige, offene Team-Gespräche helfen, die Anliegen der »anderen Seite« zu verstehen.

Mir ist wichtig, dass Eltern die Freiheit haben, diese spezielle Lebensphase so zu gestalten wie sie es für richtig halten – ohne schiefe Blicke und Infragestellung von anderen. Während eine Mutter mühelos ihr Baby überall mitnimmt und weiterhin ihre Position im Dienst ausfüllt, mag eine andere sich lieber zuhause um ihre Kinder kümmern. Jedes Kind ist anders, jede Mutter ist anders und auch die Rahmenbedingungen können sehr unterschiedlich sein.

Zu Beginn unserer Ehe waren wir Mitarbeiter bei Jugend mit einer Mission in Montana, USA. Dort konnte jede Mutter wählen, ob sie ganztags, halbtags oder gar nicht mitarbei-

ten wollte. Ich fand diese Regelung sehr gut. Gemeinsam mit ihren Männern schätzten die Mütter ein, über welche Kapazitäten sie verfügten und wie sie ihre Berufung am besten umsetzen konnten. Von Zeit zu Zeit wurde ausgewertet und der Fahrplan neu festgelegt.

Schulkinder brauchen unsere Aufmerksamkeit

Der Tag, an dem mein jüngstes Kind in die Schule kam, war für mich mit einem großartigen Gefühl der Freiheit verbunden. Erstens, weil jetzt beide Kinder jeden Tag zur Schule gingen und ich tatsächlich länger als 15 Minuten an einem Projekt arbeiten konnte ohne unterbrochen zu werden. Und zweitens weil sie nun alt genug waren, auch einmal ohne elterliche Aufsicht zuhause zu bleiben. Mir ist jedoch sehr wichtig, diese Freiheit nicht als Freibrief zu betrachten, dem nachzurennen, was man selbst möchte und die Kinder zuhause zu lassen. Ich kann mich nicht erinnern, wie oft ich gehört habe, dass Kinder mehr von unserer Zeit brauchen, wenn sie in die Pubertätsphase eintreten. Und es stimmt! Wenn irgend möglich, bemühe ich mich, »die Arbeit« erledigt zu haben und zuhause zu sein, wenn die Kinder von der Schule kommen. Obwohl sie ihre eigenen Aktivitäten haben oder für die Schule lernen, will ich für sie da sein, wenn sie zuhause sind. Ich empfinde meine Aufgabe als »Familienfrau« jetzt wichtiger als je zuvor: Mahlzeiten zubereiten, die Kinder bei ihren Projekten, beim Lernen und Üben unterstützen, usw. Ihr Leben ist hektisch, und sie brauchen die Geborgenheit und den Zusammenhalt der Familie, was nur wir Eltern vermitteln können.

Kinder in den Dienst einbeziehen

Wir bemühen uns, unser Kinder in die verschiedenen Dienstaktivitäten mit einzubeziehen, die für sie geeignet und interessant sind, aber wir verlangen nicht, dass sie teilnehmen. Als sie noch jünger waren, haben wir sie einfach mitgenommen, wenn es uns angebracht erschien. Jetzt erklären wir ihnen weshalb wir sie dabei haben möchten, aber wir überlassen ihnen die Entscheidung. Manchmal bedeutet dies, dass einer von uns mit einem Sohn teilnimmt und der andere Elternteil mit dem anderen zuhause bleibt. Da sich Teenager zunehmend an Gleichaltrigen orientieren, schaffen wir immer wieder Gelegenheiten, dass unsere Kinder mit Teammitgliedern oder Gästen zusammen sein und etwas unternehmen können.

Pat und Barb Foye (USA) leben zusammen mit ihren Söhnen Christopher und Timothy seit 1991 in Plzen, Tschechien. Sie haben 17 Jahre lang das JMEM-Team in Plzen geleitet und widmen sich derzeit dem Aufbau eines Kulturzentrums für Konzerte, Lesungen, Filme, Workshops etc.

Hilfe – Wir sind so verschieden!
Unterschiedlichkeit und Konflikte konstruktiv bewältigen

Ich liebe die Menschen in Afrika - mit denen hatte ich noch nie einen Konflikt! Kein Wunder, denn ich habe ja auch kaum Berührungspunkte. Mit den Menschen in meinem Umfeld sieht das schon anders aus. Ich ärgere mich über den Kollegen, der zu spät zur Besprechung kommt und über den Nachbarn, der schon wieder sein Auto so geparkt hat, dass ich nicht daran vorbei komme. Und in meiner Familie? Selbstverständlich liebe ich meinen Mann und meine Kinder. Aber wir haben immer wieder Konflikte - und da fliegen schon mal die Fetzen ...

Wir ärgern uns über den anderen, weil er zu viel oder zu wenig redet, weil er unserer Meinung nach zu detailliert ist und ihm der Weitblick fehlt, weil er zu langsam oder zu schnell ist usw. Unterschiedliche Prägungen, Bedürfnisse, Erwartungen, Persönlichkeiten und Verhaltensstile bergen jede Menge Konfliktpotenzial. Dieses Problem beschreibt auch Paulus in seinem 1. Brief an die Korinther (1. Kor. 12, 12 – 31).

Vorbeugen ist besser als Heilen

Konflikte gehören zum Leben, denn wir sind unterschiedlich. Es kommt darauf an wie wir damit umgehen. Verstehen wir die Unterschiedlichkeit als Chance zur Ergänzung, können wir konstruktive Wege finden dieses Potenzial zu nutzen.

Wir brauchen eine Brücke, um die verschiedenen Sichtweisen, Prägungen, Vorlieben usw. miteinander zu versöhnen. Diese Brücke ist die ehrliche und einfühlsame Kommunikation, über die wir einander tief verstehen lernen.

Konflikte gehören zum Leben

Leider herrscht in manchen Familien Sprachlosigkeit. Es fängt damit an, dass man immer weniger miteinander spricht ... seltener auf die Bedürfnisse des anderen eingeht ... die Enttäuschungen häufen sich ... man gibt auf ... und redet dann erst recht nicht mehr miteinander.

Unausgesprochene Erwartungen, Missverständnisse, Fehlinterpretation von Motiven – viele Frustrationen und eine Menge Kummer können wir uns ersparen, wenn wir regelmäßig (am besten täglich) das vertraute Gespräch pflegen. Genauso wie in unserer Beziehung mit Gott das Gebet eine zentrale Stelle einnimmt, ist das Thema »Kommunikation« ein Dauerbrenner für unsere engsten Familienbeziehungen. Positive Gespräche sind in der Regel angenehm, während es meist ungenehm wird, wenn der Kommunikationsmangel in Frust und Ärger mündet.

Konflikte sind Chancen

Lang andauernde Beziehungskonflikte und Dauerstreit haben in der Regel schlimme Folgen: Einsamkeit, Süchte, zerbrochene Ehen und emotional verstörte Kinder.

Soweit muss es nicht kommen: In jedem Zusammenstoß liegt die Möglichkeit, mehr von einander zu erfahren und einander besser zu verstehen. Deshalb sind Konflikte wie Wachstumsknoten in unserer Beziehung. Gut gelöste Konflikte führen zu größerer emotionaler Nähe.

Konflikte sind Wachstumsknoten

Im Übrigen verlangt nicht jeder Konflikt eine Lösung. Manchmal ist es ausreichend, wenn wir einfach die Sichtweise und Gefühle des anderen verstehen und uns von ihm verstanden wissen.

Jede Menge Konfliktpotenzial

Große Schwester – kleiner Bruder

Als Älteste von vier Kindern habe ich gelernt Verantwortung zu übernehmen und die Initiative zu ergreifen. Als Jüngster von fünf Kindern hat mein Mann gelernt abzuwarten (»die Großen werden es schon machen«). Manchmal gewinnen die alten Rollenmuster (große Schwester/kleiner Bruder) die Oberhand und sorgen für Konfliktstoff.

Frühere Rollenmuster haben es in sich

Du erlaubst den Kindern alles – Du bist viel zu streng!

Unsere Einstellung zur Kindererziehung wird in der Herkunftsfamilie geprägt. Wir haben unsere Eltern beobachtet, machen eigene Erfahrungen und gewinnen Überzeugungen. Wenn ich in einer Familie aufgewachsen bin, in der es keine Regeln gab und dennoch Gehorsam erwartet und Widerspruch sofort bestraft wurde (»Du machst was ich sage, basta!«), werde ich ebenfalls zu einem autoritären Erziehungsstil neigen. Gab es in meiner Familie dagegen hilfreiche Regeln und wurde ich von meinen Eltern grundsätzlich ermutigt und unterstützt (»Das schaffst du, wir helfen dir!«), werde ich diesen Erziehungsstil als normal empfinden. Meist können wir gar nicht so genau begründen warum wir etwas gut oder schlecht finden. Es fühlt sich einfach richtig oder falsch an, je nachdem wie wir es in unserer Herkunftsfamilie erlebt haben.

Besonders problematisch wird es, wenn zwei unterschiedliche Erziehungsstile aufeinander treffen. (»Du erlaubst den Kindern alles!« bzw. »Du bist viel zu streng!«). Darüber zu reden kann helfen die Sichtweise des Partners besser zu verstehen (»Wie war es bei euch zuhause?«). Siehe auch Einheit 1.

Unterschiedliche Erziehungsstile bergen Zündstoff

Kommunikation und Sex

Willard F. Harley spricht in seinem Buch »Meine Wünsche – deine Wünsche« über die fünf Hauptbedürfnisse von Männern und Frauen. Demnach ist Sex das Bedürfnis Nummer eins der Männer, während es bei den Frauen Kommunikation ist. Eine Frau, deren Bedürfnis nach Kommunikation befriedigt wird und die sich von ihrem Mann verstanden fühlt, ist mit Sicherheit offener für Sex. Ein Mann, der sich in seinem Bedürfnis nach Sex ernst genommen fühlt, wird dem Bedürfnis seiner Frau nach Kommunikation gerne entgegen kommen.

Thema Nummer 1: Kommunikation oder Sex?

Die Eheberater Felicitas und Volker Lehnert sprechen treffend vom »Muttermund« der Frau, der sich öffnet, wenn sie über Kommunikation »in die Seele des Mannes eindringen« kann. Umgekehrt öffnet sich »der Mund« des Mannes leichter, wenn er bei seiner Frau sexuell landen konnte.

Unterschiedliche Bedürfnisse, z.B. Entspannung

Unterschiedliche Menschen entspannen unterschiedlich. Während der eine seinen emotionalen Stress am besten durch körperliche Aktivität abbaut, findet der andere Entspannung durch Nichtstun. Der Extrovertierte lädt seine emotionalen Batterien auf, wenn er mit Freunden plaudert, der Introvertierte braucht Zeiten, in denen niemand etwas von ihm will und er seinen eigenen Gedanken nachhängen kann. Ehepartner, die einander gut kennen, werden Möglichkeiten finden, die den Bedürfnissen beider gerecht werden.

Unterschiedliche Bedürfnisse unter einen Hut zu bringen, ist eine lohnende Aufgabe.

Aufgaben- oder beziehungsorientiert

Aufgabenorientierte Eltern könnten erwarten, dass ihr Kind die Hausaufgaben alleine erledigt (»Geh' in dein Zimmer – dort hast du die nötige Ruhe!«) Kein Problem, wenn das Kind ebenfalls aufgabenorientiert ist. Ein beziehungsorientiertes Kind jedoch wird höchstwahrscheinlich seine Hausaufgaben lieber am Küchentisch erledigen (»Ich bin nicht gern allein.«). Dieses Kind könnte es als Ablehnung empfinden, wenn man von ihm verlangt alleine im Zimmer zu arbeiten.

Durchkreuzte Pläne und unerfüllte Erwartungen

Als unsere Kinder klein waren, gab es immer mal wieder Situationen wie diese: Um pünktlich im Gottesdienst zu sein, hätten wir das Haus vor fünf Minuten verlassen müssen. Gerade als wir gehen wollen, entdecke ich, dass der Zweijährige seine Schuhe wieder ausgezogen und die Schnürsenkel entfernt hat. Ich ärgere mich, weil mein Zeitplan nicht mehr funktioniert.

Ich war mit meinem Kind beim Impfen, hatte in der Schule ein unangenehmes Gespräch mit dem Lehrer und erledigte zwischendurch den Haushalt. Am Abend will ich zur Geburtstagsfeier meiner Freundin, worauf ich mich schon lange gefreut habe. Mein Mann kommt von der Arbeit nachhause und ärgert sich, dass er jetzt auch noch die Kinder baden und ins Bett bringen soll. Er beklagt sich: »Ich habe den ganzen Tag hart gearbeitet und jetzt wirklich eine Pause verdient.«

In solchen Situationen liegen dem Konflikt meist nicht nur unerfüllte Erwartungen zugrunde, sondern auch Erwartungen, die entweder nicht ausgesprochen, oder vom anderen nicht verstanden wurden. Klare Kommunikation erspart manchen Streit.

Unterschiedliche Vorgehensweisen

Gehen wir die Dinge unterschiedlich an, ist der Zoff vorprogrammiert, wenn wir nicht verstehen, wie der andere tickt.
Bei anstehenden Entscheidungen möchte ich (Angela) vor allem darüber reden. Ich bin extrovertiert, »denke laut« und indem ich meine Gedanken in Worte fasse, entwickle ich einen Standpunkt (»Zu Weihnachten könnten wir doch die ganze Großfamilie einladen«).

Andreas ist introvertiert und bevorzugt, über eine Sache gründlich nachzudenken, bevor er darüber spricht. Sage ich etwas, geht er davon aus, dass ich bereits nachgedacht habe. Deshalb interpretiert er meine Äußerung bereits als Entscheidung und fühlt sich übergangen (»Du entscheidest, ohne meine Wünsche zu berücksichtigen«). Allein der Hinweis, dass ich nur laut denke und noch keine Entscheidung getroffen habe, hilft einander zu verstehen.

Introvertiert oder extrovertiert – wer tickt wie?

Stärken betonen

Wer mehrere Kinder hat, dem ist wahrscheinlich aufgefallen, dass er sich mit dem einen Kind besser versteht als mit dem anderen. Das ist normal. Wir neigen dazu, Menschen, die uns ähnlich sind, eher nach ihren Stärken zu beurteilen und Menschen, die anders sind als wir selbst, eher nach ihren Schwächen. Wenn ich selbst mehr beziehungs- als aufgabenorientiert bin, empfinde ich den energischen und zielorientierten Dominik als rücksichtslos und bestimmend. Dagegen komme ich mit der kontaktfreudigen und spontanen Ina sehr gut klar. Kinder werden durch die Kommentare ihre Eltern entweder gefördert oder gebremst und entmutigt. Deswegen ist es wichtig, sich die Stärken jedes Familienmitglieds bewusst zu machen und diese zu bestätigen (»Dominik, du weißt genau was du willst und kannst dich gut durchsetzen.«)

Lieber Stärken fördern statt auf Schwächen herum reiten!

> Die eierlegende Wollmilchsau, tiefseetauglich und höhenerfahren, gibt es nicht! Jeder Mensch hat Stärken und Schwächen. Wenn wir Menschen nach ihren Schwächen und nicht nach ihren Stärken beurteilen, ist es uns nicht möglich, eine dauerhafte und gute Beziehung zu ihnen aufzubauen.
> (»Das 1 x 1 der Persönlichkeit«,
> Lothar J. Seiwert / Friedbert Gay)

Typgerecht erziehen

Ein Kind braucht das Gefühl, einen Platz in seiner Familie zu haben, um den es nicht kämpfen muss. Dieses gute Gefühl fördert die Stärken des Kindes und hilft ihm seine Schwächen auszugleichen. Deshalb sollten wir als Eltern unsere Forderungen und Erwartungen an das Temperament, die Fähigkeiten und Charakter-

Jedes Kind ist anders – Anpassung ist gefragt.

züge des Kindes anpassen. Wollen Eltern jedes Kind gleich behandeln, kann es passieren, dass ihr Erziehungsstil für ein Kind genau das Richtige ist, aber für ein anderes große Frustration und emotionalen Stress mit sich bringt. So kann es z. B. einem initiativen Kind, das sich leicht ablenken lässt, sehr schwer fallen, wenn seine Eltern darauf bestehen, dass es sich über eine längere Zeit ohne Unterbrechung auf eine Aufgabe konzentriert. Oder spontane Eltern, die gerne unangekündigt Dinge verändern, können ein Kind, das viel Zeit braucht, um sich auf Veränderungen einzustellen, in große Unsicherheit stürzen.

»Behandelst du die Menschen wie sie sind, machst du sie schlechter. Behandelst du sie, wie sie sein könnten, machst du sie besser.«
Johann Wolfgang von Goethe

Anregung zum Partnergespräch und / oder die Gesprächsrunde

Wir empfehlen fünf Minuten zur persönlichen Vorbereitung. Der Austausch wird dadurch effektiver (besonders wichtig für Introvertierte).
Anschließend 20 Minuten für das Partnergespräch oder die Gesprächsrunde.

In welchem Bereich sorgt die Unterschiedlichkeit unserer Familienmitglieder häufig für Konfliktstoff?
- Rollenmuster (Prägungen in der Herkunftsfamilie)
- Erziehungsstil (streng – nachgiebig)
- Bedürfnisse (Kommunikation, Sex, Entspannung)
- Prioritäten (aufgaben- / beziehungsorientiert)
- Erwartungen (unrealistisch, unausgesprochen)
- Vorgehensweisen (extrovertiert – introvertiert)

Macht euch die Stärken eurer Familienmitglieder bewusst und überlegt, wie ihr sie darin bestätigen, ermutigen und fördern könnt.

Wo seht ihr Potenzial, euren Erziehungsstil anzupassen um Stress und Konflikte zu reduzieren?

Wie haben wir gelernt mit Konflikten umzugehen?

Jeder hat seine individuelle Lebensgeschichte, hat Erfahrungen gemacht und daraus seine Schlüsse gezogen. Für den einen ist jeder Konflikt eine Katastrophe, die man unter allen Umständen vermeiden sollte; in den Augen des anderen ist ein Konflikt eine willkommene Gelegenheit, endlich Klärung zu schaffen.

Unser Konfliktverhalten wird vor allem in der Kindheit geprägt. Während der eine gelernt hat Konflikte zu verleugnen oder ihnen aus dem Weg zu gehen, hat der andere die Erfahrung gemacht, dass man mit einer verbalen Explosion den anderen einschüchtern und sich selbst Erleichterung verschaffen kann. Das Ergebnis ist in beiden Fällen das gleiche: Trennung – zumindest emotional. Es kommt darauf an, konstruktiv mit Konflikten umzugehen. Dann können sie uns sogar noch stärker emotional miteinander verbinden, statt uns zu trennen.

Ein konstruktiv bearbeiteter Konflikt verbindet.

Umgang mit Zorn/Ärger und Konflikt

Gute Gewohnheiten vermeiden Streit

Streit wird häufig durch gedankenlose Formulierungen und einen entsprechenden Tonfall ausgelöst (»Du hast schon wieder geklingelt – warum nimmst du nie den Schlüssel mit?« »Musst du immer so schnell fahren?« »Warum kannst du nie fragen?«) Wer so etwas hört, wird sich entweder sofort verteidigen und zurückschießen oder aber auf Rückzug gehen.

Wer dagegen seinem Gegenüber Einblick in seine Seele gewährt statt ihn anzuklagen, ist schon gut unterwegs in Richtung einer konstruktiven Lösung (Ich-Botschaft: »Es ärgert mich, dass ich nicht konzentriert bei meiner Arbeit bleiben kann, wenn ich die Haustür öffnen muss. Könntest du bitte das nächste Mal deinen Schlüssel mitnehmen?«). Auch für Konflikte kann man sich gute Gewohnheiten aneignen, z. B. auf Verallgemeinerungen, Übertreibungen und anklagende »Du-Botschaften« zu verzichten (»Immer sagst du ...« oder »Nie machst du ...«) und stattdessen mit »Ich-Botschaften« einen sachlichen Dialog führen.

Ich-Botschaften statt Du-Botschaften!

Zorn/Ärger anerkennen und zugeben

Weil wir im Ärger manchmal Dinge tun oder sagen, für die wir uns später schämen, liegt der Gedanke nahe Zorn sei Sünde. Zorn ist jedoch ein normales Gefühl wie Freude oder Trauer und damit erst einmal wertneutral. Er ist sogar die gesunde emotionale Reaktion auf Ungerechtigkeit. Erst wenn wir andere missachten oder verletzen, kommt Sünde ins Spiel. Zorn hat die Funktion eines Warnsignals, vergleichbar mit dem Warnlicht am Armaturenbrett des Autos, das darauf hinweist, dass etwas nicht in Ordnung ist. Zuzugeben, dass ich mich ärgere, ist also völlig in Ordnung und sogar nötig (»Ich ärgere mich, dass du nicht angerufen hast.«). Je nach familiärer bzw. kultureller Prägung kann dies jedoch manchmal schwierig sein.

Zorn ist ein Warnsignal

Dampf ablassen – aber richtig!

Die Energie, die durch Zorn im Körper freigesetzt wird, muss verarbeitet werden. Ärger, den man in sich hinein frisst, macht auf Dauer krank. Das im Übermaß ausgeschüttete Kortison schädigt die Gelenke und verursacht Arthrose. Emotionalen Stress kann man am besten durch körperliche Aktivität abbauen. Bevor ich meinen Ärger an einem Familienmitglied auslasse, sollte ich also lieber eine Runde Joggen, Staubsaugen, Holzhacken oder Fensterputzen.

Aufgestauter Ärger macht krank.

Entdecken was dahinter steckt

Wenn der Ärger unsere Gedanken beherrscht, ist eine sachliche Konfliktlösung kaum möglich. Aus diesem Grund ist es besser, sich zuerst mit den aufgewühlten Gefühlen zu befassen und erst in einem zweiten Schritt eine Lösung zu suchen.

Zorn ist die Folge eines anderen starken Gefühls, vor allem des Gefühls unfair behandelt worden zu sein, aber auch von Angst oder Sorge. Ich ärgere mich z. B. über meinen Mann, der sich um zwei Stunden verspätet hat. Hinter meinem Ärger steht die Sorge, dass ihm etwas passiert sein könnte. Zu erkennen was hinter meinem Ärger steht, wird mir helfen, konstruktiv damit umzugehen und vernünftig darüber zu sprechen. Wenn mein Mann dann noch signalisiert, dass er meine Sorge versteht, hat der Zorn sein Ziel erreicht und verschwindet.

Zuerst den Ärger bearbeiten, dann den Konflikt lösen!

Manchmal lösen wir beim anderen berechtigten Ärger aus, weil wir uns selbstsüchtig, stur und rechthaberisch verhalten. Sünde zerstört Beziehung – zu Gott und zu anderen Menschen. Die Lösung heißt Umkehr.

Auf den anderen zugehen – und zwar schnell!

Versöhnung, die umgehende Wiederherstellung der Beziehung, ist das Ziel. Dafür muss der Zorn schnell bearbeitet werden. *(»Zürnet, und sündigt dabei nicht! Die Sonne gehe nicht unter über eurem Zorn.« Epheser 4, 26).*

Wenn wir etwas falsch gemacht, oder im Ärger verletzende Worte ausgesprochen haben, ist es wichtig, dafür Verantwortung zu übernehmen (»Es tut mir leid, das war falsch!«). Manchmal ist Buße und Wiedergutmachung angesagt. (»Wie kann ich es wieder in Ordnung bringen?« – »Ich werde versuchen, es nicht wieder zu tun«).

Die Beziehung wird wiederhergestellt und Friede zieht ein, wenn wir einander vergeben, wo wir uns in der Hitze des Streits verletzt haben. Vergebung ist DER Schlüssel für entspannte Beziehungen. Vergebung muss von der einen Seite erbeten und von der anderen zugesprochen werden (»Kannst du mir bitte vergeben?« – »Ja, ich vergebe dir!«).

Achtung! Auch wenn du dich nicht danach fühlst – Vergebung ist in erster Linie eine Entscheidung – die Gefühle folgen. Jesus erwartet von uns, dass wir immer vergeben.

Matth. 18, 21–22: Da fragte Petrus: »Herr, wie oft muss ich meinem Bruder vergeben, wenn er mir Unrecht tut? Ist siebenmal denn nicht genug?« »Nein«, antwortete Jesus. »Nicht nur siebenmal. Es gibt gar keine Grenze. Du musst immer bereit sein, ihm immer wieder zu vergeben.« (Hoffnung für Alle)

Vergebung ist keine Einbahnstraße, d. h. jeder ist dafür zuständig, Reparaturmaßnahmen zu ergreifen, wenn die Beziehung beschädigt wurde. Zu den guten Gewohnheiten einer Familie gehört auch das Entwickeln und Pflegen einer Versöhnungskultur. Wenn klar ist wie es geht, ist es gar nicht so schwer, eine Beziehung wieder in Ordnung zu bringen. Und was man zuhause gelernt hat, kann man auch an anderer Stelle umsetzen.

Eine gute Lösung finden

Hat sich der Sturm der Gefühle gelegt, können wir nach einer Lösung suchen, mit der wir beide gut leben können. In vielen Fällen kommt dabei ein Kompromiss zustande. Zum Beispiel: »Gut, ich verstehe, dass du den freien Tag am liebsten zuhause verbringen möchtest. Aber ich brauche einen Tapetenwechsel und möchte

> »Ärger soll ein Besucher, nie ein Bewohner des menschlichen Herzens sein«.
> Dr. Gary Chapman
> »Die andere Seite der Liebe«

> Vergebung – Reparatur für beschädigte Beziehungen.

raus. Könnten wir vormittags zuhause bleiben und nachmittags etwas unternehmen?« Geht der Partner darauf ein, verzichten beide auf einen Teil ihrer Vorstellungen und kommen dem anderen entgegen.

Ein anderes Mal wird jeder seine Pläne für sich verwirklichen. (Fußballspiel oder Romantik-Komödie? »Kein Problem! Du kannst den Fernseher in Beschlag nehmen. Ich nehme die Einladung zum Filmabend bei den Nachbarn an.«)

Einer kann nachgeben (»Schatz, die Angelegenheit scheint dir viel wichtiger zu sein als mir – wir machen es so wie du willst.«).

Wie auch immer wir einen Konflikt lösen, es sollte keinen »Sieger« und keinen »Besiegten« geben – und auf gar keinen Fall darf eine Person ständig den Kürzeren ziehen.

Falls wir zu keiner zufriedenstellenden Lösung kommen, können wir Gott um Weisheit bitten. Wir waren manchmal überrascht, als wir dann die zündende Idee bekamen.

> **Weder »Sieger«
> noch »Verlierer« –
> nur Gewinner.**

Zorn-Verstärker aufspüren

Nicht aufgearbeitete Verletzungen machen uns empfindlich und können zu heftigen Reaktionen führen. Alte, unbehandelte Wunden aus Kindheit und Jugend sind wie eine eiternde Wunde, die schmerzt, wenn man sie berührt oder auch nur in ihre Nähe kommt. Wenn ich z. B. als Kind Ablehnung und Einsamkeit erfahren habe, kann das zu überzogenen Erwartungen an meinen Ehepartner führen. Dann ist Enttäuschung und Streit vorprogrammiert.

Im ehrlichen sensiblen Gespräch mit dem Partner lernen wir zu verstehen, wo alte Verstärker im Spiel sind, wenn ein Streit ausufert. Diese Erkenntnis hilft, sich gegebenenfalls selbst zu sagen: »Mein Partner greift mich jetzt nicht an, sondern sein Verhalten löst bei mir die Erinnerung an eine alte Wunde aus, und ich reagiere darauf in überdimensionaler Weise.«

> **Blockaden in der
> Seele aufspüren!**

Es ist meine Entscheidung wie ich auf eine Situation reagiere. Für meine Gedanken und Reaktionen trage ich die Verantwortung. Das heißt nicht, dass der andere nicht auch seinen Anteil an einem Streit hätte. Aber wenn ich schon ärgerlich und wütend werde, wenn ihm ein Fehler oder ein Versehen unterläuft, ist dies ein Zeichen, dass in meiner Seele eine verdeckte Wunde schmerzt und eitert. Dann ist es an mir, die Sache vor Gott zu bringen (»Herr, bitte zeige mir die verborgene Wurzel für meinen Zorn und für meine überzogene Reaktion.«). Manchmal braucht es etwas Zeit und vielleicht das Gespräch mit einer anderen vertrauten Person. Ich kann meinem Partner den Hintergrund meiner aufgewühlten Gefühle erklären und ihn um Gebet für Heilung bitten. Auf diese Weise wird der Partner von unberechtigten Vorwürfen entlastet und unsere Beziehung wird stärker und inniger. Ein Konflikt kann der Anstoß sein, Blockaden in der Seele auf die Spur zu kommen, Heilung zu erfahren und eine größere Offenheit und Tiefe in Beziehungen zu erreichen.

Nicht immer sind Konflikte vermeidbar; und es kostet einige Mühe, sich damit zu befassen. Weil sie sowohl die Möglichkeit in sich bergen, Beziehungen zu vertiefen, als auch sie zu zerstören, können wir sehr viel gewinnen, wenn wir sie sorgfältig bearbeiten und sehr viel verlieren, wenn wir diese Arbeit verweigern.

Anregung zum Partnergespräch:

Je nachdem wie vertraut die Gruppe miteinander ist, empfehlen wir anschließend einen Austausch in der Gruppe.

- Was sind unsere häufigsten Streitauslöser?
- Wie lösen wir bisher unsere Konflikte? Sind wir beide damit zufrieden?
- Was können wir besser machen?

Empfehlung für den Abschluss dieser Einheit

Lest gemeinsam 1. Kor. 12, 12 – 31 und 1. Kor. 13
Schließt mit einer Gebetsrunde mit dem Schwerpunkt »Dank für die Einzigartigkeit und damit verbundene Unterschiedlichkeit unserer Familienmitglieder.«

Aktion für die Familie
»Wir wir mit Zorn und Konflikt umgehen wollen«

- Erzählt euren Kindern, wie in euren Herkunftsfamilien mit Zorn und Konflikt umgegangen wurde und sprecht mit ihnen, wie ihr es in eurer Familie handhaben wollt.
- Stellt »Streitregeln« auf, zum Beispiel:
- Zorn ist okay, aber es ist nicht okay, jemandem weh zu tun, auch nicht verbal.
- Wenn wir einen Konflikt haben, wollen wir ihn so schnell wie möglich bereinigen.
- Wenn wir einander verletzen, bitten wir um Vergebung, bzw. sprechen einander Vergebung zu.

Zur Vertiefung

PePP-Eheworkshop: »20-Stunden-Training: effektive Kommunikation,
Konfliktbewältigung und Intimität.«, www.beziehungsbereicherung-mit-pepp.de
Lehnert: »Ehe der Zoff uns scheidet«, Aussaat-Verlag
Dr. Gary Chapman: »Die andere Seite der Liebe.
Wie negative Gefühle zur positiven Kraft werden«, Brunnen-Verlag
Willard F. Harley: »Deine Wünsche. Meine Wünsche.
Die Bedürfnisse des Ehepartners erkennen und erfüllen«, Gerth Medien
Lothar J. Seiwert und Friedbert Gay: »Das 1x1 der Persönlichkeit«, GABAL Verlag
Charles Boyd: »Was für Eltern braucht mein Kind?
Wege zu einer typgemäßen Erziehung«, R. Brockhaus Verlag

Jorid Spiecker –
Einer von uns ist immer ein Ausländer

Verheiratet zu sein und Kinder zu haben ist ein großer Segen Gottes! Und wenn man das Vorrecht hat im Missionsdienst im Ausland zu sein, ist der Segen noch größer. Während unserer fast 14-jährigen Ehe haben wir nur ein Jahr »zuhause« gelebt, und zwar als die Kinder noch klein waren. Deshalb ist Albanien unser eigentliches Zuhause. Das wird noch verständlicher, wenn man bedenkt, dass wir eine interkulturelle Ehe führen. Ich komme aus dem Norden Norwegens und Ned aus Chicago, U.S.A. Selbst wenn wir unsere Familien besuchen, ist immer einer von uns ein Ausländer. Egal wo wir sind, müssen wir mit der Spannung leben nicht völlig dazu zu gehören. Vielleicht ist das gut so, denn es erinnert uns daran, dass wir tatsächlich »Fremde und Heimatlose in dieser Welt« sind. (Eph. 2,19)

Wir finden es wichtig unsere Kinder nicht mit den Kindern in unseren Heimatländern zu vergleichen und sie tun uns ganz sicher nicht leid, weil sie etwas nicht haben. Eine Familie im Missionsdienst zu sein bringt viel Segen und vielfältige Erfahrungen mit sich. Wir würden unser Leben für nichts eintauschen, auch wenn es gelegentlich schwierig sein kann. Albaner wundern sich häufig warum in aller Welt wir unser »Paradies« verlassen haben um in ihrem rückständigen und chaotischen Land zu leben. Für uns besteht das einzige Opfer darin, so weit weg von unseren Familien zu sein.

Schon bevor wir Kinder hatten, haben Ned und ich entschieden, dass wir mit unseren Kindern in unserer jeweiligen Muttersprache sprechen würden. Das hat sich für uns und sie als wirklich positiv herausgestellt. Nicht nur, dass sie dadurch in der Lage sind mit unseren jeweiligen Familien zu kommunizieren, sondern weil wir ihnen so natürlich wie möglich begegnen wollen. Da wir in einer anderen Kultur leben, war es uns wichtig, dass sie Albanisch lernen. Als Nathan, unser ältester Sohn, noch ziemlich klein war, fragte ein Albaner wo er her komme? Seine Antwort kam wie aus der Pistole geschossen auf Albanisch: »Ich bin halb Albaner, halb Norweger und halb Amerikaner!« Obwohl die Rechnung nicht ganz aufging, hatte er es doch auf den Punkt gebracht.

Unsere interkulturelle Ehe macht es für uns in vieler Hinsicht leichter im Ausland zu leben. Weit entfernt von unseren eigenen Kulturen, waren wir immer wieder herausgefordert darüber nachzudenken was jeder von uns von zuhause mitbringt und was wir davon für unsere Familie übernehmen wollen.

Mit dem Wissen, dass das größte Geschenk, das wir unseren Kindern machen können, ein liebevolles und sicheres Zuhause ist, entschieden wir uns, einige Rituale zu etablieren, die Stabilität in unser Familienleben bringen würden – vor allem weil wir an einem Ort leben, der nicht sehr sicher ist und unser Dienst sehr fordernd sein kann. Seit die Kinder Babys waren, hatten wir z. B. ein Ritual für die Zubettgeh-Zeit. Egal wo wir gerade waren, wussten sie immer was passieren würde bevor sie schlafen gehen. Dieses einfache Ritual hat ihnen ein Gefühl der Sicherheit vermittelt und sie hatten nie Probleme auch mal in anderen Betten zu schlafen. Auch jetzt, wo sie älter werden, möchten sie, dass wir ihnen vor dem Zubettgehen vorlesen, mit ihnen singen und beten.

Solange wir im Missionsdienst sind, haben wir nie in Gemeinschaft gelebt, sondern jeweils Wohnungen und Häuser in verschiedenen Städten gemietet und uns darum bemüht dort sowohl ein Zuhause für unsere Familie als auch eine Plattform für unseren Dienst zu schaffen. Vor zwei Jahren segnete Gott uns mit einer eigenen Wohnung in Tirana, der Hauptstadt Albaniens. Ein wunderbares Geschenk! Wir sprechen als Familie oft darüber, dass diese Wohnung nicht nur für uns ist, sondern ein Ort, an dem wir andere segnen können. Gastfreundschaft ist so wichtig in dieser Kultur und wir haben ein offenes Haus für Freunde, Gäste und Besucher. Es ist ein Segen als Familie in der Mission zu sein!

Jorid Spiecker (Norwegen) und ihr Mann Ned (U.S.A.) leben seit 1993 in Albanien und leiten die Arbeit von JMEM Albanien. Sie haben drei Kinder: Nathan (11), Markus (9) und Lydia (8).

Jochen und Christine Schuppener –
Die Auslandserfahrung machte uns zu Brückenbauern

Leer sah es aus, nachdem wir tagelang gepackt hatten. Kein Spielzeug war mehr im Haus. Unser sämtliches Hab und Gut war in Kisten verpackt. Ein LKW kam und holte alles ab, und wir verbrachten die letzten Tage in einem fast leeren Haus.

Wochen später standen wir da und starrten in den riesigen Container. War alles heil geblieben? Waren auch wirklich alle Kisten mitgekommen? Wir waren wieder in Deutsch-

land. Aber waren wir wirklich angekommen? Alles konnten wir nicht aus Thailand mitneh-men. Einige schöne Stücke haben wir dort gelassen, teils unter Tränen. Andere Schätze ha-ben wir mitgenommen. Nein, keine materiellen Schätze. Nach und nach wurde deutlich was wir und unsere Kinder an Prägung und an »Kulturgut« mitgebracht hatten. Wie wür-de das alles hier in unser neues Leben in Deutschland passen?

Acht Jahre waren wir im Ausland. Das meiste, was wir nach Deutschland mitgebracht hat-ten, war nicht auf den ersten Blick zu erkennen. »Sag doch nicht immer »Danke!«, meinte meine Schwester einmal zu mir, »das macht man in Deutschland nicht«. Zu lächeln und »Danke« zu sagen haben wir mitgebracht. »Das finden wir gut«, sagen die Kinder. Deutsch-land ist anders als Thailand, als England und China; man denkt anders, hat andere Werte, hält Dinge für richtig, die woanders als unangebracht gelten. Das ist für uns alle immer wieder schwierig.

Meine Gedanken wandern zurück. Wie war es damals als Familie im Dienst im Ausland? Wir waren eineinhalb Jahre in England, wohnten im Missionszentrum und leiteten eine Jüngerschaftsschule. Unsere Jüngste war gerade ein Jahr alt, die Mittlere knapp drei und die Große sechs. Es war eine sehr intensive Zeit. Die Tür zu unserer Wohnung lag dem Klas-senzimmer genau gegenüber und war nicht abschließbar. Ständig kamen Leute in die Wohnung, weil sie meinten hier wäre die Toilette. Und unsere Kleinen liefen ständig raus. Die Vermischung zwischen Privatleben und Dienst, die Erwartungen der Studenten an uns und unsere Erwartungen an uns selbst, setzten uns ganz schön unter Druck. Wie sollten wir damit umgehen? Wo müssten wir uns abgrenzen? Dazu kamen interkulturelle Miss-verständnisse und unterschiedliche Kommunikationsstile.

In Thailand waren die Kinder gewöhnt, dass die Menschen, die ihnen begegnen, immer lä-cheln. Unfreundliche, barsche Worte gibt es dort nicht. Es gilt als Tugend, ein »kühles Herz« zu haben und nicht laut zu sprechen. Jana und Clara meinten irgendwann, als wir zurück in Deutschland waren: »Warum sind die Deutschen so unfreundlich und laut?«

Die Koffer sind nun lange ausgepackt. Immer wieder mal sprechen wir mit anderen Heim-kehrern über das was wir mitgebracht haben. Die Freundlichkeit und Offenheit gegenüber Fremden hat uns geprägt, waren wir doch selbst damals Ausländer. Die Kinder können nachempfinden wie sich ein Ausländer fühlt, der die Sprache noch nicht spricht und man-che Gewohnheit noch nicht versteht. Es scheint ganz natürlich für sie zu sein, diese Leute mit hineinzunehmen ins Gespräch und in die Gemeinschaft.

Im Ausland ist auch etwas in uns gewachsen, das wir vorher gar nicht kannten, nämlich eine Wertschätzung für unser eigenes Land. Gott hat uns als Deutsche geschaffen und in unserem Land werden Facetten seines Wesens auf einzigartige Weise reflektiert. Im Ausland haben wir gemerkt, dass wir eigentlich aus einer Kultur der Treue kommen. Wenn ich einen Freund habe, dann ist er es meist für viele Jahre, nicht selten für das ganze Leben. Wir danken Gott für den Hang zur Gründlichkeit und Gewissenhaftigkeit, für den langen Atem. Wenn wir etwas anfangen, dann bringen wir es meist auch zu Ende. Normalerweise kann man sich auf uns verlassen.

Als Familie haben wir unendlich viel auf unserer acht Jahre dauernden Weltreise gelernt. Dafür sind wir von Herzen dankbar. Wir fühlen uns beschenkt, weil wir gesehen haben, dass Gott Deutscher ist. Und weil wir gesehen haben, dass Gott auch Thailänder ist, sogar Engländer und Amerikaner und, und, und. Wir denken oft an die Bibelworte aus der Offenbarung. Dort heißt es, dass eines Tages Menschen aus allen Völkern und Nationen und Sprachen vor dem Thron Gottes stehen werden. Jedes einzelne dieser Völker reflektiert eine andere Facette des wunderbaren Wesens und Charakters Gottes. Wir wollen Perlentaucher sein und herausfinden, welche Perlen Gott in die Menschen anderer Herkunft hineingelegt hat. Diese Perspektive ist uns sehr wichtig, und es ist vielleicht das Größte, das wir mitgebracht haben.

Jochen und Christine Schuppener haben gemeinsam mit ihren drei Töchtern acht Jahre als Mitarbeiter von Jugend mit einer Mission in England und Thailand gelebt. Sie wohnen heute in Landsberg am Lech und sind als freiberufliche Berater für Ehe, Team und interkulturelle Geschäftsbeziehungen (www.brueckenbauen.com) tätig.

Harry Hoffmann –
Das Leben ist nicht einfach – wenn Kinder im Ausland aufwachsen

Unsere Sophie, 15 Jahre, wurde vor kurzem vom neuen Schuldirektor gefragt: »Wo seid ihr denn her?« Sie antwortete: »Keine Ahnung, vielleicht aus Thailand?« Er lachte und meinte ein paar Tage später zu mir: »Ihre Kinder wissen noch nicht einmal wo sie her kommen!«

Unsere Fünfjährige würde diese Frage auf jeden Fall mit »Thailand« beantworten, weil sie in diesem Land geboren ist und fünf Jahre dort gelebt hat. Sophie und Marie sind in ihren 13 und 15 Lebensjahren achtmal umgezogen und haben in fünf Ländern gewohnt. Auf die Frage: »Wo fühlt ihr euch am ehesten zu Hause?« würde jeder in unserer Familie antworten: »Im Flugzeug oder dort, wo alle sind«. Mit »alle« ist unsere Familie gemeint. Wir fühlen uns als Familie sehr eng miteinander verbunden. Unser Lebensstil hat uns zusammengebracht (manchmal auch auseinander), aber unsere Familie ist das einzig Konstante in unserem Leben.

Sophie war drei Jahre und Marie ein Jahr alt, als wir Deutschland verließen. Drei Jahre lang haben sie mit uns in einem chinesischen Waisenhaus gelebt und mit den Waisenkindern gespielt. Als wir nach Taiwan zogen, lernten wir eine deutsche Familie kennen, deren zwei Söhne kaum Deutsch konnten. Innerhalb der Familie wurde Englisch gesprochen, und die Kinder mussten extra Deutschunterricht nehmen. Das schockte uns doch sehr und brachte uns zu dem Entschluss, dass es für unsere Kinder besser sei, eine Muttersprache zu haben und richtig Deutsch zu können, als viele Sprachen zu sprechen, aber keine richtig. Auf die vielen Sprachen werden unsere Kinder häufig angesprochen: »Dann könnt ihr sicher Chinesisch, Thailändisch und Englisch?« »Das sind gute Voraussetzungen in dieser Welt.« »Wenn ihr viele Sprachen beherrscht, stehen euch alle Möglichkeiten offen!« Klar, das stimmt schon. Aber die Frage ist, ob es tatsächlich ein Vorteil ist, wenn man deswegen keine Muttersprache hat? Was bringen Sprachen, wenn die kulturelle Identität fehlt? Und vor allem, welchen Nutzen haben Sprachkenntnisse, wenn die Persönlichkeit durch ein unstetes Leben Schaden genommen hat? All diese Fragen haben wir im Laufe der letzten 12 Jahre immer wieder abgewogen.

Unsere Kinder leben kein »normales« Leben. Das wissen sie, und das wissen wir. Sie gehen auf eine amerikanische Privatschule. Ihre besten Freundinnen sind eine Finnin und eine Koreanerin. Ihre Kleider kaufen sie in Hongkong. Urlaub machen sie in Thailand. Oma und Opa sehen sie so gut wie nie. Sie fliegen alleine im Flugzeug und wundern sich, dass in Europa manche Leute ihr Leben lang an einem Ort bleiben. »Das könnte ich nie!«, sagen sie. Sophie möchte als Ärztin nach Afrika, und Marie hat vor, weltweit im Hotelbereich zu arbeiten.

Manchmal tut es uns Eltern leid, dass wir unseren Kindern ein so unstetes Leben bieten. Aber Sophie sagt: »Das braucht dir nicht leid zu tun. Ich finde es gut wie wir leben. Klar, ist es nicht einfach. Aber Papa, du sagst ja immer »Das Leben ist überall nicht einfach.«

Harry und Tina Hoffmann leben seit zwölf Jahren mit ihren Kindern Sophie, Marie und Lielie in Asien. Nach drei Jahren Waisenhausarbeit bauten sie in zwei Ländern Beratungs- und Trainingszentren für Missionare auf. Derzeit leiten sie ein Team von 14 internationalen Mitarbeitern, Harry hält Seminare für Leiter und führt internationale Teamtrainings durch, Tina ist als diplomierte Lebens- und Sozialberaterin in der psychologischen Beratung, vor allem im Bereich Trauma-Bewältigung tätig.

Als Familie im Dienst

Nationen zu Jüngern machen

Der Vater des Glaubens, Abraham, bekam von Gott ein Versprechen: *»Ich will dich segnen ... und in dir sollen gesegnet werden alle Geschlechter (oder Familien) auf Erden.«* 1. Mose 12, 3.
Jesus beauftragte seine Nachfolger (einschließlich uns): *»Geht hin und macht alle Nationen zu Jüngern«* (Matth. 28, 19). Wie können wir diesem Auftrag gerecht werden, wenn wir eine Familie haben und unseren Kindern verpflichtet sind? Über viele Jahre fließt ein Großteil unserer Zeit, Kraft und Mittel in diese wenigen Menschen, die eng zu uns gehören.

Jüngerschaft findet in primären Beziehungen statt

Wir sprechen von einer primären Beziehung, wenn wir eng zusammen leben und natürlicherweise das Leben miteinander teilen. Die Familie ist ein Ort, an dem Jüngerschaft rund um die Uhr stattfindet. Deshalb prägt die Familie uns mehr als alles andere, was wir später erleben.
In der Familie lernen wir Liebe, Vertrauen, Annahme, Vergebung, Kommunikation, den Umgang mit Konflikten usw. Die Herkunftsfamilie ist unser Beziehungsmodell. Von unseren Eltern lernen wir »WIE« man Vater, Mutter, Ehemann, Ehefrau ist und wie wir uns als Nachfolger und Diener Jesu verstehen. Wir lernen Rücksichtnahme, Dienen, Großzügigkeit u.a.m. All das geben wir an unsere Kinder und Enkel weiter und wir beeinflussen damit auch unsere Umgebung.
Darüber hinaus hat Gott für jede Familie einen speziellen Auftrag. Er möchte jede Familie als Team am Bau Seines Reiches mit einbeziehen. Wir glauben, dass die christliche Familie eine wesentliche Rolle bei der Ausbreitung des Reiches Gottes spielt.

Gott hat für jede Familie einen speziellen Auftrag

Familienleben wirkt nachhaltig

In der Bibel finden wir ein anschauliches, wenn auch negatives Beispiel, welch nachhaltige Folgen das Familienleben hat. Mit einer Halbwahrheit, bzw. Fast-Lüge, manövrierte Abraham seine Familie in die schreckliche Situation, dass seine Frau im Harem des

Pharao landete. Eine Generation später folgte Isaak dem Beispiel seines Vaters, als er in eine ähnliche Lage kam. Danach hatten er und seine Frau Rebekka jeweils einen Lieblingssohn; der Vater bevorzugte Esau, die Mutter Jakob. Diese Tatsache zerriss die Familie. In der nächsten Generation zog Jakob seinen Sohn Josef dessen elf Brüdern vor und schuf damit die Grundlage für schwerwiegende Konflikte unter den Geschwistern, was dazu führte, dass Josef von seinen Brüdern in die Sklaverei verkauft wurde. Der fehlende Zusammenhalt im Fundament dieser Familie und der Mangel an Wahrhaftigkeit wurde von Generation zu Generation weitergegeben.

Wenn wir Risse im Fundament unserer Familie feststellen, können wir sie entweder ignorieren, oder aber uns Gott stellen und die Dinge bearbeiten. Gebet, persönliche und stellvertretende Buße, Vergebung, Widerrufen von Festlegungen oder einen Seelsorger aufsuchen – wir sollten alles unternehmen was nötig ist, um die umfassende Erlösung, die Jesus erworben hat, wirksam werden zu lassen – für uns persönlich, für unsere Familie und für die kommenden Generationen.

> **Wenn wir Risse im Fundament unserer Familie feststellen, können wir sie entweder ignorieren, oder aber uns Gott stellen und die Dinge bearbeiten.**

Pionier-Situationen, Mobilität, Flexibilität, Internationalität – Segen und Herausforderung einer Familie im Dienst

Familie Frész 1989

Vor 20 Jahren begannen wir, zusammen mit unseren Kindern, Johannes und Julia, unseren Dienst bei Jugend mit einer Mission. Unsere Kinder wurden in JMEM groß, und wie viele andere Familien haben wir die Vor- und Nachteile einer Familie in der Mission erlebt. Unsere Kinder konnten in einem christlichen Umfeld aufwachsen. Es war ein sicherer Ort, an dem sie in ihrer Persönlichkeitsentwicklung von allen Seiten ermutigt und unterstützt wurden. Durch flexible Arbeitsteilung und die Nähe zum Arbeitsplatz waren wir als Eltern praktisch immer für unsere Kinder erreichbar. Innerhalb der Gemeinschaft fanden sie Ersatz-Großeltern und viele Freunde, die positive Vorbilder für sie waren. Besonders in den Teenager-Jahren war dies von unschätzbarem Wert. Durch die Internationalität unserer Gemeinschaft wuchsen unsere Kinder zweisprachig auf. Ihr Verständnis für andere Menschen und Kulturen wurde von klein auf gefördert und geschärft. Sie waren von Anfang an mit uns bei Einsätzen unterwegs und hatten vor ihrem 18. Geburtstag bereits vier Kontinente bereist. Wofür andere ein Vermögen ausgeben, bekamen wir als Familie nebenbei. Ihrem Alter, ihren Gaben und Fähigkeiten entsprechend übernahmen sie Stück für Stück Verantwortung. Dadurch wurden ihre Leitungsgaben ganz natürlich gefördert.

Natürlich gab es auch Herausforderungen: »Wie sollen wir Familie, Dienst, Gäste und Gemeinschaftsleben unter einen Hut bringen? Wo dürfen und wo müssen wir uns als Familie abgrenzen?« Das war besonders in der sehr arbeitsintensiven Aufbauphase unseres JMEM-Zentrums schwierig. Als Leiter (die anderen drei Familien hatten ebenfalls kleine Kinder) waren wir das letzte Glied in der Kette, und viel Arbeit blieb an uns hängen. In dieser Zeit war es absolut wichtig, freie Abende, freie Wochenenden und einen Familienurlaub einzuplanen. Auch der eigene Wohnbereich, mit der Möglichkeit die Tür zu schließen und die Mahlzeiten nur als Familie einzunehmen wurde zur Notwendigkeit. Es war wichtig, gemeinsam am Tisch zu sitzen, gemütlich zu essen, Zeit zu haben, zuzuhören was die Kinder bewegt und darüber zu sprechen, die Bibel zu lesen und zu beten. Deshalb nahmen wir nur während Schulungen, an denen wir Eltern beide beteiligt waren, an Gemeinschaftsmahlzeiten teil – und dann auch nur an der täglichen Hauptmahlzeit.

Für unsere Familie war der mobile Lebensstil so lange kein Problem, wie unsere Kinder noch im Kindergartenalter waren. Unser Auto war unser Zuhause, das Dreirad hatte seinen festen Platz auf dem Dachgepäckträger, und das Zusammensein mit uns Eltern gab den Kindern Sicherheit. Das änderte sich als sie in die Schule kamen und ihr Beziehungsnetz auch außerhalb der Familie und der Gemeinschaft bauten. Dann mussten wir uns fragen: »Wie viele Umzüge (in Deutschland verbunden mit Schulwechsel) sind für unsere Kinder noch verkraftbar?« Wir waren froh, dass wir nach dem 14. Umzug sesshaft werden konnten, bis unsere Kinder ihre Schulausbildung beendet hatten.

Es war uns manchmal fast zu viel, uns neben dem Gemeinschaftsleben noch aktiv an einer örtlichen Gemeinde zu beteiligen. Wir haben uns aber dazu entschlossen, weil es uns wichtig war, dass unsere Kinder den Bezug zu einer Gemeinde bekommen, »normales Gemeindeleben« kennen lernen und dort langfristige Beziehungen pflegen konnten. Denn das Kommen und Gehen in unserer Missionsgemeinschaft war für sie manchmal schwer.

Als die Kinder klein waren, mussten wir oft persönliche Wünsche zurückstellen, z. B. konnten wir als Eltern nicht gemeinsam an Konferenzen teilnehmen.

Eine der größten Herausforderungen für uns als Ehepaar war und ist es, im Partner nicht nur den »Mitarbeiter« zu sehen und darauf zu achten, dass sich unsere Gespräche nicht nur um den Dienst drehen. Wir sind und bleiben ein Ehepaar, Eltern, gute Freunde – auch über den Dienst hinaus!

Familienleben in einer internationalen Gemeinschaft

Als Familie in einer internationalen Gemeinschaft mit Familien und Singles zu leben, kann mit Spannungen verbunden sein. Wir haben unterschiedliche Erziehungsstile und Werte. Wir müssen darauf achten, dass wir einander nicht verurteilen, aber offen bleiben für Anregungen. Manchmal sind wir als Eltern »betriebsblind« und andere können uns durch ihre Sicht weiterhelfen. Kinder von Pastoren oder Missionaren werden häufig kritisch beobachtet. Wir sollten als Eltern darauf achten, sie nicht durch unrealistische Erwartungen unter Druck zu setzen.

In unseren Gemeinschaften brauchen wir sinnvolle Absprachen, die für alle verbindlich sind. Zum Beispiel, dass die Eltern für ihre eigenen Kinder verantwortlich sind. Oder, dass jeder Erwachsene der sieht, dass ein Kind etwas Verbotenes tut, das Kind darauf hinweist, bzw. dessen Eltern informiert. Wenn das nicht passiert, schließen die Kinder daraus, dass ihr Verhalten akzeptiert wird. Manchmal entwickelt ein Kind eine wertvolle und enge Freundschaft zu einem Mitarbeiter oder zu einem Kind einer anderen Mitarbeiterfamilie. Wenn dieser Freund weiter zieht, kann die Trennung sehr schmerzlich sein. Gerade dann ist es sehr wichtig, dass die bleibenden Beziehungen innerhalb der Familie eng und lebendig sind, damit sie den Verlust ausgleichen und dem Kind darüber hinweg helfen können.

Eine gesunde Familie setzt Energie frei

Wenn durch liebevolle Beziehungen der Liebestank der Seele gefüllt ist, kann positive emotionale Energie kreativ nach außen wirksam werden. Wer hat nicht schon den Segen empfunden, der von Personen und Familien ausgeht, die in diesem Sinne »gesättigt« sind und die dann ihr Haus öffnen und ihren Reichtum mit anderen teilen?

Damit eine Familie nach außen wirksam sein kann, muss sie im Kern gesund sein. Wenn eine Familie krank ist, wird die meiste Energie darauf verwandt, die innerfamiliären Beziehungen »am Laufen zu halten«, und es bleibt kaum Energie für ein Engagement nach außen übrig. Weil die eigenen (emotionalen) Bedürfnisse der Familienmitglieder nicht gedeckt sind, ist das Miteinander von Konkurrenz und Trennung geprägt und bringt für jeden viel Stress mit sich.

> **Damit eine Familie nach außen wirksam sein kann, muss sie im Kern gesund sein.**

Eine gesunde Familie funktioniert als Team

Einheit im Familien-Team bedeutet mehr als nur den gleichen Familiennamen zu haben. Wenn Arbeit ansteht, die uns als Familie betrifft, heißt es »alle Mann ran!«, egal ob es sich um den wöchentlichen Hausputz oder um die Gartenarbeit handelt. Team sein bedeutet auch, Privilegien zu teilen und gemeinsam Spaß zu haben, z.B. zusammen zu spielen, Eis zu essen, Urlaub zu machen usw. Im Team verstehen wir unsere Unterschiede (wie jeder von uns »tickt«), und wir nehmen einander an wie wir sind. Wir ergänzen einander, so dass jedes Familienmitglied mit seiner ganz speziellen Persönlichkeit und seinen Gaben das Team bereichern kann. Auch dafür ist Kommunikation ein Schlüssel. Aus diesem Grund verteidigen wir z.B. die Essenszeit als unsere Team-Zeit, denn sie ist die tägliche Plattform, wo wir uns als Team treffen, über Aktivitäten und Erlebnisse berichten, uns miteinander freuen und Mitgefühl zeigen, wenn einer von Schwierigkeiten berichtet.

> **Kommunikation und Teamzeiten sind Schlüssel**

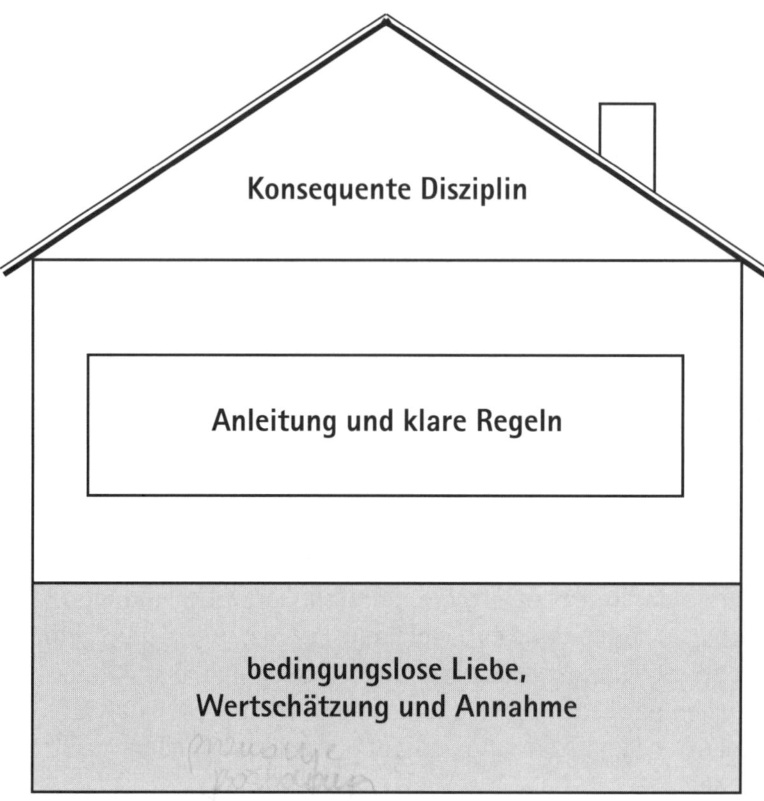

Klare Regeln und konsequente Leitung

Eberhard Mühlan (Team F) hat am Bild eines Hauses das Wesentliche für die Erziehung definiert: Bedingungslose Liebe, Wertschätzung und Annahme geben ein starkes und unverzichtbares Fundament. Unterweisung und klare Regeln bilden die Wände. Das Dach heißt konsequente Disziplin.

In Einheit 2 und 3 haben wir uns mit dem Fundament auseinander gesetzt – wie wir den emotionalen Tank unseres Kindes füllen können.

Damit das Familien- und auch das Gemeinschaftsleben gut funktioniert, brauchen wir Regeln, die unseren Werten entsprechen. Dabei gilt: Besser wenige Regeln, aber die konsequent durchsetzen! Zum Beispiel beim Essen: »Wir essen von allem. Wenn uns etwas nicht so gut schmeckt, nehmen wir nur wenig. Wir essen was wir auf dem Teller haben und werfen kein Essen weg. Deshalb sei vorsichtig, was du dir auf den Teller lädst.« Oder »Wir melden uns ab, wenn wir weggehen und sagen wo wir zu erreichen sind.« Wenn unser Familienalltag von einer liebevollen Familienatmosphäre und Wertschätzung geprägt ist, erdrücken Regeln nicht, sondern werden als Orientierungshilfe verstanden.

Was passiert, wenn eine klar definierte Regel nicht eingehalten wird? Es muss eine angemessene Konsequenz folgen. Angemessen heißt, sie sollte genügend motivieren, sie besser nicht herausfordern, ohne übermäßig hart zu sein. Die drohende Konsequenz sollte vorher bekannt und am besten in einer Familienkonferenz beraten und beschlossen worden sein. Und sie muss zuverlässig eintreffen, wenn trotz besserem Wissen gegen die Regel verstoßen wurde.

Einige Beispiele: Wer sein Mittagessen nicht aufisst, bekommt keinen Nachtisch. Wer am Sonntagmorgen nicht aufstehen kann, weil er am Abend zuvor zu spät zu Bett ging, muss am nächsten Samstag um 21.00 Uhr zuhause sein, um früher schlafen gehen zu können. Papa kassiert herumliegende Spielsachen, die abends hätten aufgeräumt werden sollen; einmal wöchentlich kann man sie für 10 Cent des Taschengelds auslösen.

Kinder wollen starke Eltern. Einige testen ihre Eltern ständig, weil sie sich unsicher fühlen. Sie verlangen nach klaren Grenzen und konsequenter Leitung. Bekommen sie dies nicht, haben sie das Gefühl, die Führung übernehmen zu müssen.

> **Wir brauchen Regeln, die unseren Werten entsprechen.**

> **Kinder wollen starke Eltern.**

Anregung zum Elterngespräch
Wie ausgewogen ist unser »Familienhaus«?

- Wie stark ist das Fundament (Annahme, Wertschätzung, liebevolle Familienatmosphäre)?
- Wie gut ist die Mitte entwickelt (Unterweisung, Regeln)?
- Wie groß ist das Dach (Disziplin)?

Als ganze Familie zum Dienst berufen

Wir sind davon überzeugt, dass wir Gott als Familie dienen dürfen und sollen. Einer der definierten Grundsätze bei Jugend mit einer Mission lautet: »Den Wert von Familien betonen. JMEM ist es wichtig, dass ganze Familien gemeinsam Gott in der Mission dienen, nicht nur der Vater oder die Mutter. Wir wollen dazu beitragen, dass sich Familien gesund entwickeln können; dabei sollen alle Familienmitglieder die missionarische Berufung gemeinsam leben und sich mit ihren einzigartigen Gaben einbringen und einander ergänzen.«

Manchmal sind Kinder verletzt oder sogar bitter, weil nur der Dienst des Vaters anerkannt wird und sie ihren Platz nicht finden können.

Wenn wir für Kinder sorgen, begrenzt dies einerseits unsere Kraft und Zeit, die wir in den Dienst nach außen investieren können. Andererseits wird das Evangelium gerade darin »Fleisch und Blut«, wie wir mit dem Ehepartner und mit den Kindern umgehen, und es prägt nachhaltig – diejenigen die uns beobachten und unsere eigenen Nachkommen.

Vor vielen Jahren besuchten Don Richardson (Autor von »Das Friedenskind«) und seine Frau die JMEM-Gemeinschaft in Altensteig. Frau Richardson erzählte, wie sie als junge Missionarsfamilie unter den Kopfjägern in Neuguinea lebten. Damals litt sie darunter, dass sie als Mutter kleiner Kinder kaum Zeit fürs Sprachstudium fand und dass sie bei jeder Alltagstätigkeit neugierige Zuschauer hatte. Im Rückblick stellte sie fest, dass ihr missionarischer Dienst darin bestand, das Evangelium im Alltag auszuleben und es dadurch für die Menschen begreifbar zu machen. Die Sprache lernte sie nebenbei von den Menschen statt durch Bücher. Ihr Dienst gestaltete sich anders als sie es erwartet hatte, aber deswegen nicht weniger effektiv.

Das Evangelium wird gerade darin »Fleisch und Blut«, wie wir mit dem Ehepartner und mit den Kindern umgehen.

**Anregung für die Gesprächsrunde
»Familie im Dienst – Segen und Herausforderung«**

- Wo habt ihr als Familie im Dienst in der Vergangenheit Segen und wo Schwierigkeiten erlebt?
- Wo erlebt ihr gerade jetzt Segen und womit habt ihr zu kämpfen?

Beispiele:

- **Ortswechsel** – häufig verbunden mit Schulwechsel der Kinder, aber auch eine Möglichkeit andere Länder, Sprachen, Kulturen kennenzulernen.
- **Wechselnde Beziehungen** – z.B. wenn neue Mitarbeiter kommen und andere gehen.
- **Entscheidungsfindung** – Eine Familie sollte »in Einheit« gehen, d.h. beide Ehepartner und die Kinder (nach ihrer Kapazität) sollten den Ruf Gottes hören und ihm folgen.
- **Finanzielle Abhängigkeit von Gott** – und der Großzügigkeit von Unterstützern – kann ein Stressfaktor sein. Andererseits erleben wir gerade dadurch Gottes treue Versorgung und viele Wunder.
- **Fragen der Kultur-Zugehörigkeit** – Kinder, die in fremden Kulturen aufwachsen oder deren Eltern unterschiedliche Nationalitäten haben, wissen manchmal nicht wozu sie gehören.
- **Fernunterricht und Homeschooling** (Kinder zuhause unterrichten) – z.B. Rollenkonflikt als Mutter und Lehrerin.

Das Familienteam trainieren

Als Familie im Dienst wollen wir gemeinsam Gottes Reich bauen. Wir sind ein Team. Gott hat die Mitglieder dieses Teams zusammengestellt. Die Zusammensetzung ist einzigartig. Wie gut und erfolgreich wir als Familien-Team funktionieren, hängt auch davon ab, wie gut dieses Team trainiert ist. Wer als Sportler einen Titel gewinnen will, trainiert mindestens zwei bis drei Mal pro Woche. Wie trainieren wir unser Team?

Erfolg hängt davon ab wie gut das Team trainiert ist.

Kinder einbeziehen

In unserem JMEM-Zentrum in Hainichen legen wir großen Wert darauf, die Kinder so weit wie irgend möglich in das Gemeinschaftsleben zu integrieren. Beim wöchentlichen Gemeinschaftsabend liegt der Fokus auf den Kindern: interaktiver Lobpreis, kindgerechter Vortrag, eine praktische Anwendung, ein Spiel. Anschließend essen wir gemeinsam. Ab und zu treffen wir uns in Familien-Gruppen, zu denen auch Singles gehören. Wir beginnen mit Lobpreis, jemand teilt einige Gedanken mit, danach essen wir gemeinsam. Schließlich spielen wir etwas und schließen mit Gebet.

Als unsere beiden Kinder klein waren, gehörten wir zur JMEM-Gemeinschaft in Hurlach, Bayern. Manchmal half Angela die Zimmer für Seminargäste herzurichten. Die Kinder waren als »Helfer« dabei. Während sie mit Hingabe das Waschbecken einschäumten oder den Staubsauger bedienten, bezog Angela die Betten. Johannes durfte als Schulkind ab und zu dem Papa beim Predigen helfen. Während Andreas z. B. über den Zusammenhalt in der Familie sprach, demonstrierte Johannes an einem Lego-Auto, dass jedes Teil wichtig ist.

Berufungen erkennen und fördern

Julia Frész – Uganda 2001

Julia nahm schon im Kindergarten jede Gelegenheit wahr, den noch Kleineren etwas zu erklären. Als Schulkind betreute sie die Babys bei den Familiencamps. Später half sie bei der Betreuung der Kindergarten- und Schulkinder während unserer Camps und Jüngerschaftskurse. In ihren Teenagerjahren nahmen wir sie, wann immer möglich, mit auf Dienstreisen und übergaben ihr einen Teil der Lehrvorträge, besonders wenn wir junge Leute vor uns hatten. Jetzt studiert sie Pädagogik und hat ihre Karriere als Lehrerin und Schulpsychologin fest im Blick.

Johannes Frész 1994

Johannes ist musikalisch begabt. Wenn wir vom Gottesdienst nach Hause kamen, ging er ans Klavier und versuchte, die Melodien der Lobpreislieder nachzuspielen. Zuerst reichte seine Nase gerade zu den Klaviertasten. Mit fünf Jahren verkündete er seinen Entschluss: »Ich werde mal Lobpreisleiter«. Wir haben ihn ermutigt, viel Geld für Klavierunterricht ausgegeben und Gelegenheiten gesucht, dass er sein Talent ausprobieren und entwickeln konnte (Lobpreisteams in der Gemeinde und in der JMEM-Gemeinschaft, bei Einsätzen und Camps). Später haben wir eigene CD-Produktionen finanziell mitgetragen und jetzt unterstützen wir Johannes bei seinem Studium an der University of the Nations. Lobpreis ist ein Teil seiner Berufung.

Füreinander beten

Wenn jemand von uns zu einem Einsatz aufbricht, kann er sicher sein, dass die anderen Familienmitglieder im Gebet hinter ihm stehen. Vor dem Einsatz beten die anderen für ihn (das funktioniert auch am Telefon). Zwischendurch informiert er per SMS über Gebetsanliegen. Danach wird ausführlich berichtet und wir staunen, wie Gott die Gebete erhört hat. Als Julia während ihrer Jüngerschaftsschule im Missionseinsatz in Sri Lanka war, geriet ihr Team plötzlich in einen Bürgerkrieg und musste evakuiert werden. Obwohl wir Tausende Kilometer entfernt waren, gab uns Gott spezifische Anweisungen zum Beten, und wir staunten hinterher, wie konkret diese Gebete erhört worden sind.

Heute sind unsere Kinder erwachsen und leben viele hundert Kilometer von uns entfernt. Ab und zu fragen sie uns an, sie in ihrem Umfeld zu unterstützen (»Mama, könntest du ein Seminar an meiner Uni halten?«) Wir kennen unsere Stärken und Begrenzungen und wissen, wie wir einander ergänzen und unterstützen können. Wir sind ein Team!

Arbeitsblatt: Unser Familienteam

Anhand dieses Arbeitsblattes könnt ihr selbst einschätzen, wie gut ihr als Familien-team zusammen arbeitet (mit Skala 1-10 zur Selbsteinschätzung). Als Familie im Dienst wollen wir gemeinsam Gottes Reich bauen. Wir sind ein Team. Gott hat die Team-Mitglieder zusammengestellt, und die Zusammensetzung ist einzigartig. Wie gut und erfolgreich ihr als Familien-Team funktioniert, hängt von verschiedenen Kriterien ab. Sprecht als Ehepaar über folgende Aussagen und prüft, wie weit ihr euer Team entwickelt habt.

10 bedeutet: trifft voll zu, **1 bedeutet:** trifft überhaupt nicht zu

Aussagen	1	2	3	4	5	6	7	8	9	10
Wir **wollen** gemeinsam mit dem Ehepartner und mit unseren Kindern im Dienst sein.										
Als Eltern leben wir unseren Kindern dienende Leiterschaft vor (Luk. 22,26), investieren Zeit, Liebe und Energie in das Familienteam.										
Als Eltern schaffen wir eine positive Familienatmosphäre.										
Wir bemühen uns um aktives, geistliches Leben in unserer Familie (Gespräche, Lehre, Gebet, Umsetzung biblischer Werte, z.B. Vergebung, gegenseitige Achtung).										
Als Eltern leiten wir die Familie. Die Kinder lassen sich leiten (Eph. 6, 1). Wir beziehen die Kinder entsprechend ihres Alters und ihrer Reife in Entscheidungen mit ein.										

Aussagen	1	2	3	4	5	6	7	8	9	10
Wir verstehen, dass Gott uns als Familien-Team berufen hat und jedes Familienmitglied wichtig ist. Wir bejahen unsere Unterschiedlichkeit und sehen einander als Ergänzung.										
Wir kennen die Gaben der einzelnen Familienmitglieder und fördern sie. Wir nutzen und schaffen Gelegenheiten bei denen auch unsere Kinder ihre Gaben einsetzen können. (1. Kor. 12).										
Wir sind bereit zu delegieren und abzugeben – und denken nicht: »Keiner kann es besser.«										
Wir geben einander die Erlaubnis Fehler zu machen. Wir haben Mut zur Unvollkommenheit und wissen, dass wir nicht perfekt sind und es auch nicht sein müssen.										
Wir sind bereit, den anderen freizusetzen und uns an seinem Erfolg wie am eigenen zu freuen.										
Wir vergleichen uns nicht mit anderen Familien und akzeptieren, dass unser Dienst je nach Alter der Kinder und Lebensphase anders aussieht.										
Als Familie suchen wir Gottes Führung. Wir sind offen für neue Wege und verstehen, dass darin auch eine Chance liegt uns persönlich und uns als Familie von Gott verändern zu lassen.										
Wir empfangen Gottes Segen und wollen ein Segen für andere sein.										

Anregung für die Gesprächsrunde

Sprecht über die Ergebnisse des Arbeitsblattes »Unser Familienteam« und was sie für euch bedeuten.

Aktion für die Familie »Unser Familienteam«

1. Nehmt euch als Eltern Zeit und entdeckt welche Persönlichkeit und Gaben jedes Familienmitglied hat und wie ihr sie fördern könnt. Folgende Kriterien können dabei hilfreich sein:
   - Persönlichkeit (extrovertiert oder introvertiert, beziehungs- oder aufgabenorientiert),
   - Gaben (prophetisch, pastoral, musikalisch, kreativ; lehren, leiten, dienen, organisieren …).
   - Fähigkeiten (arbeitet gern handwerklich, kann gut Kuchen backen, kann mit Geld umgehen, kann gut malen oder basteln, mit Computer oder Technik umgehen …).
   - Stärken und Schwächen (Das macht … gern. Das liegt … gar nicht).

2. Überlegt als Familie wie ihr diese Gaben einsetzen könnt, so dass ihr an der Ausbreitung des Reiches Gottes beteiligt und ein Segen für andere seid.
   Beispiele:

   - Offenes Haus, um den Nöten anderer zu begegnen.
   - Die Kinder einer überforderten Nachbarin hüten.
   - Kinder, die alleine sind, nachmittags zum Spielen einladen.
   - Einsame Menschen einladen.
   - Gastfreundschaft – die Kinder decken und dekorieren den Tisch.
   - Jungen Menschen ein geistlicher Vater, bzw. eine geistliche Mutter sein und sie am Familienleben beteiligen.
   - Alleinerziehende mit ihren Kindern einladen.
   - Kinder aufnehmen (Pflege oder Adoption).

Beachten, dass Jugendämter und Sorgerechtslage möglicherweise die Flexibilität behindern.

- Zehnten geben – Kinder unterweisen, vom Taschengeld den Zehnten zu geben.
- Kleidung und Spielzeug an Kinder verschenken, die wenig haben.
- Bei Feiern bringen sich Kinder kreativ ein, z. B. an Weihnachten mit Musik.
- Nachbarn helfen (Putzen, Rasen mähen, Babysitten, ...).
- Plätzchen backen und alleinstehenden Nachbarn bringen.
- Kinder malen Bilder oder schreiben Briefe um andere zu ermutigen.
- Für Missionare beten, Geld zusammen legen, ihnen schreiben oder ein Päckchen schicken, sie besuchen.
- Einen Kurzeinsatz in einem anderen Land machen. Besonders bei Einsätzen mit praktischer Hilfe können Kinder beteiligt werden.

3. Baut gemeinsam einen Turm
Die Aufgabe ist, als ganze Familie einen möglichst hohen stabilen Turm aus Bauklötzen, Zeitungspapierstreifen oder Papp-Schachteln zu bauen. Wichtig ist, dass sich alle beteiligen. Wenn ihr den Turm aus Bauklötzen oder Papp-Schachteln baut, vereinbart ihr folgende Regeln:
1. es darf jeweils nur ein Klotz gesetzt werden
2. jeder kommt der Reihe nach dran.
Baut ihr den Turm aus Papierstreifen, kommen eure unterschiedlichen Fähigkeiten zum Tragen: ein Familienmitglied schneidet die Streifen, ein anderes faltet sie, ein weiteres klebt die Streifen zusammen oder plant den weiteren Verlauf.

4. Versucht doch einmal, die ganze Familie auf einen Stuhl zu setzen. Wie viele Menschen bekommt Ihr als Familie auf einen Stuhl? Sprecht darüber, was ihr tun müsst, um die Aufgabe möglichst erfolgreich zu vollenden.

Empfehlung für den Abschluss dieser Einheit

Gebetsrunde mit Schwerpunkt »Dank für unser Familienteam« – für die unterschiedlichen Stärken, Begabungen und Berufungen und für die Möglichkeiten, die wir haben, als Familie ein Segen zu sein.

Zur Vertiefung

Eberhard Mühlan: »Das große Familien-Handbuch«, Gerth-Medien

Roger Harsh – **Die Schule unserer Kinder
wurde zum Sprungbrett in die Kultur**

Als Missionare aus Amerika sind wir in Tschechien Ausländer, und es war für uns nicht ganz leicht, mit den Leuten vor Ort in Kontakt zu kommen und Beziehungen aufzubauen.

Unsere Kinder wachsen hier auf und sollen eine gute Ausbildung bekommen. Die Frage, welche Form der Ausbildung für sie die beste ist, hat uns sehr beschäftigt. Manche Missionare unterrichten ihre Kinder zuhause. Wir haben uns entschieden, unsere Tochter und unseren Sohn in eine Privatschule am Ort zu schicken. Der Unterricht ist vorwiegend in Tschechisch, und es gibt ein gutes Englisch-Programm. Elisabeth geht jetzt in die zweite Klasse, Josiah in die erste, und bis jetzt läuft es gut. Wir haben uns vorgenommen, nach jedem Schuljahr zu prüfen, ob diese Schule weiterhin die beste Option ist. Gerade weil wir uns als Ausländer manchmal unsicher fühlen, ist uns eine gute Beziehung mit dem Klassenlehrer besonders wichtig. Schon manche heikle Frage ließ sich im persönlichen Gespräch klären.

Über die Schule kommen wir mit vielen Familien in Kontakt. Man trifft sich auf dem Parkplatz, wenn man die Kinder zur Schule bringt oder abholt, kommt ins Gespräch und verabredet sich. Über den Sport gibt es viele Gemeinsamkeiten. Sport- und Musik-Stunden sind in Tschechien sehr günstig, so dass wir den Kindern guten Unterricht ermöglichen können. Josia spielt mit Kindern aus seiner Klasse Hockey. Elisabeth geht mit einer Klassenkameradin zum Ballett und mit drei anderen zum Eiskunstlaufen. Mit einigen Familien von Mitschülern waren wir sogar gemeinsam Skilaufen. Die sportlichen Aktivitäten verbinden uns mit Menschen aus unserer Stadt. Manche sind inzwischen zu Freunden geworden. Und wir lernen immer wieder neue Leute kennen, was wir als sehr bereichernd erleben. Die Schule unserer Kinder wurde für uns zum Sprungbrett in das Leben vieler Menschen und in die Gesellschaft. Unser Engagement in Schule und Sport hat maßgeblich dazu beigetragen, dass wir einen Zugang zur tschechischen Kultur gefunden haben. In diesem Umfeld werden wir als ganz normale Leute wahrgenommen, die ihre Kinder erziehen und ihren Alltag leben.

Natürlich bringt die Ausbildung der Kinder in einem fremden Land auch manche Schwierigkeit mit sich. Mein Mann und ich sind zum Beispiel nicht besonders sprachbegabt und verstehen nicht immer was gesagt wird. Für uns ist es äußerst hilfreich, dass die Kinder im Fach

Tschechisch Nachhilfeunterricht bekommen. Es ist nicht einmal mit Kosten verbunden. Eine Freundin hat ihre Hilfe angeboten. Sie hilft den Kindern mehrmals wöchentlich beim Lesen und Schreiben. Im Gegenzug geben wir ihren beiden Söhnen Englisch-Unterricht.

Da Englisch unsere Muttersprache ist, möchten wir den Kindern ermöglichen, später an einer englischsprachigen Universität zu studieren. Als wir bemerkten, dass ihr Englisch Lücken aufweist, suchten wir nach einer Möglichkeit diese auszugleichen. Über das Internet fanden wir viel gutes Arbeitsmaterial und ergänzen jetzt den schulischen Unterricht zuhause mit zusätzlichen Englisch-Lektionen.

Roger und Robin Harsh (USA) leben und arbeiten seit 1991 in Tschechien. Ihr Dienst richtet sich an Gemeinden und Ehepaare, sowie an Arme und Bedürftige in Tschechien und der Ukraine. Seit 1996 sind sie im Familiendienst tätig und seit 2005 Mitarbeiter bei JMEM-Tschechien. Ihre Kinder, Elisabeth und Josiah, sind acht und sieben Jahre alt.

Sarah Keene – **Ich bin ein MK**

Wenn ich über meine Kindheit und Jugend als MK (Missionarskind) nachdenke, werden viele Erinnerungen wach: Mahlzeiten mit vielen anderen Menschen; die Aufregung, wenn eine neue Jüngerschaftsschule begann (sind dieses Mal Kinder in meinem Alter dabei?), Reisen meines Vaters um die ganze Welt; große JMEM-Europa-Konferenzen, King`s Kids.

Meine Eltern kamen zu Jugend mit einer Mission als ich dreieinhalb Jahre alt war, und sie sind noch immer dabei. So habe ich meine gesamte Kindheit und Jugend in diesem Umfeld verbracht. Im Großen und Ganzen waren die Erfahrungen dieser Zeit für mich sehr positiv und bereichernd. Wie viele Kinder haben schon die Möglichkeit, ständig neue Menschen aus aller Welt kennen zu lernen oder um die Welt zu reisen? Meine Schwester und ich führten Strichlisten, in welchen Ländern wir schon gewesen waren und unsere Freunde in der örtlichen Schule staunten über die große Zahl. Ich lernte viel über Evangelisation und Mission und hatte von klein auf die Gelegenheit internationale Referenten zu hören. Es war eine wunderbare Umgebung für ein Kind und besonders für einen Teenager!

Im Rückblick ist mir klar, dass mitten in all dem meine Familie einen prägenden Einfluss hatte. Familiensinn, Witz und Spaß war bei uns groß geschrieben. Meine Eltern hatten kla-

re Überzeugungen im Blick auf die Erziehung ihrer Kinder und setzten sie auch dann durch, wenn andere Familien in der Gemeinschaft anders dachten. Zum Beispiel wurde abends in der Familie gegessen, auch wenn wir in der Gemeinschaft wohnten, und Schulpflichten hatten Priorität vor anderen Aktivitäten, auch wenn andere Eltern dies lockerer sahen. Später erlaubten unsere Eltern meiner Schwester und mir nicht, dass wir selbst bei JMEM Mitarbeiter werden, bevor wir nicht eine säkulare Berufsausbildung abgeschlossen hatten. Heute bin ich sehr froh, dass sie auch an diesem Punkt ihre Überzeugung durchsetzten. Als 18jährige hätte ich mich mit Begeisterung in einen Dienst gestürzt, und Gott hätte mich bestimmt gebraucht. Jedoch war die Zeit an der Universität für mich mit großen Wachstumsschritten verbunden, und es war wichtig, mich in einem nicht-christlichen Umfeld zu behaupten und die Welt auch durch diese Brille zu sehen. Wäre ich nicht aus dem JMEM-Umfeld ausgestiegen, hätte ich das Gefühl, in einer Seifenblase gelebt zu haben. Bisher bin ich nicht zu JMEM zurück gegangen, aber wer weiß was Gott noch mit mir vor hat? Ich habe bei verschiedenen Missionsgesellschaften mitgearbeitet und engagiere mich zurzeit bei einem Programm für christliche Führungskräfte.

Neben den schon genannten Vorteilen, in einem recht großen Missionszentrum aufzuwachsen, hat das Leben als Missionarskind auch seine schwierigen Seiten. Nicht mit allen Kindern im Zentrum verstand ich mich gut. Für mich war es von Vorteil, auch Freundschaften außerhalb des JMEM- und Gemeindeumfeldes zu pflegen. Abgesehen vom Minenfeld, das man betritt, wenn man sich in der Schule als Christ zu erkennen gibt, kam ich mir gelegentlich vor wie vom anderen Stern, wenn Dinge, die ich erlebte, den Mitschülern völlig fremd waren. Eine große Hilfe war damals das tägliche Gebet auf dem Schulweg mit einigen anderen Missionarskindern.

Es macht mich traurig, dass manche heute nicht mehr als Christen leben, die damals genauso begeistert bei Veranstaltungen und Einsätzen dabei waren wie ich. Man wird nicht automatisch Christ und bleibt nicht selbstverständlich dabei, nur weil die Eltern Missionare sind. Ich habe mich bei einer Kinderevangelisation für Jesus entschieden. Meine Entscheidung wurde zuhause unterstützt. Als in der Schule die typischen Teenagerprobleme auf mich zu kamen, musste ich die Weichen stellen. Meine Eltern hatten mir durch Bibelwissen, Gebet und gesunde Überzeugungen ein starkes Fundament vermittelt, das sich in dieser Zeit bewährte. Später fand ich heraus, dass mein Vater während meiner gesamten Zeit am Gymnasium jeden Freitag während der Mittagszeit fastete und für mich betete. Ich kann nicht beschreiben wie viel mir das bedeutet. Ich bin so dankbar für die Investition und das Gebet meiner Eltern! JMEM bot mir als Kind und Jugendliche einzigartige Gelegenheiten, meinen Glauben auszudrücken, aber ich glaube, der entscheidende Faktor dafür, dass ich mit Gott weiter ging war, dass mein Glaube zu Hause genährt wurde und wachsen konnte.

Sarah Keene (Irland), Tochter von Derek und Trich Dodd, wuchs als MK (Missionarskind) in Holland auf. Sie ist von Beruf Lehrerin und arbeitete darüber hinaus für eine Missionsagentur, die Kindermitarbeiter vermittelt. Neben ihrem Job als Mutter arbeitet sie teilzeitlich bei einem Programm für Führungskräfte in Irland mit. Sie lebt mit ihrem Mann Andrew und ihren beiden Söhnen in Irland.

Violet Ballard –
Ich musste lernen gesunde Grenzen zu setzen

Zwischen 1969 und 1993 lebten wir mit einer kurzen Unterbrechung in zwei christlichen Gemeinschaften. Unser Sohn Jonathan kam 1972 zur Welt und verbrachte seine ganze Kindheit, bis zu seinem Schulabschluss mit 19 Jahren, in diesem Umfeld.

Als Jonathan fast ein Jahr alt war, kam es gelegentlich zu Spannungen, als Mitglieder der Gemeinschaft nicht damit einverstanden waren, wie wir unseren Sohn erzogen. Es gab Kinder in seinem Alter, aber mit völlig anderem Temperament. Durch das ständige Vergleichen mit anderen Kindern wurden die Mahlzeiten in der Gemeinschaft für uns Eltern zur Zerreißprobe. Ich erinnere mich zum Beispiel an ein kleines Mädchen, das ruhig im Hochstuhl saß und artig seine Mahlzeiten zu sich nahm. Unser Sohn dagegen zappelte auf seinem Stuhl und war ständig in Aktion. Sein Essen landete immer mal wieder auf dem Boden. Eine ältere Frau erwartete von uns, dass wir unseren Sohn bestrafen. Eine andere riet uns, es nicht so eng zu sehen; der Junge würde sich doch für sein Alter ganz normal verhalten. Wir waren unsicher und dachten, wir hätten als Eltern versagt, weil er sich nicht so ordentlich benahm wie dieses Mädchen. Damals wussten wir noch nicht, dass jedes Kind anders ist und am besten auf eine Weise erzogen wird, die seinem Typ entspricht. Außerdem hielten wir es für unsere Pflicht, alle Mahlzeiten im großen Speisesaal einzunehmen. Das verursachte großen Stress bei uns Eltern und trug vermutlich zur Unruhe unseres Sohnes bei, denn dort war es immer laut und viele Augen beobachteten, was sich an unserem Tisch abspielte. Wir verstanden nicht, wie nötig eine friedvolle Atmosphäre für unsere kleine Familie war. Im Rückblick denke ich, es wäre vernünftiger gewesen, wenn wir die Mahlzeiten als Familie in unseren Zimmern eingenommen hätten.

Als Jonathan in die Teenagerjahre kam, wurde er manchmal ungerechterweise als rebellisch eingeschätzt und einmal sogar von zwei Verantwortlichen der Gemeinschaft für et-

was angeklagt, das er gar nicht getan hatte. Statt die Situation mit uns Eltern zu besprechen, beschuldigten sie unseren Sohn und schimpften mit ihm. Die Folge war, dass Jonathan lange Zeit tief gekränkt war und es ihm schwer fiel, zu einem der beiden eine Beziehung aufzubauen. Als Mutter wollte ich meinen Sohn schützen und ihm solch schmerzhaften Erfahrungen ersparen. Ich habe mich mit seinem Schmerz identifiziert und mit ihm gelitten. Daraus entwickelte ich ebenfalls eine negative Haltung gegenüber diesem Leiter. Heute denke ich, diese Situation wäre eine gute Gelegenheit gewesen, meinem Sohn zu erklären, wie man sich gegenüber Menschen verhalten kann, die einen verletzt haben. Außerdem hätten wir diesen Verantwortlichen klar machen sollen, dass wir Eltern die Ansprechpartner sind, wenn sie ein Problem mit unserem Sohn haben. Wir sind zuständig, wenn zur Debatte steht, dass er bestraft werden soll.

Den Bereich »Korrektur« empfand ich damals als besonders schwierig, weil verschiedene Eltern ganz unterschiedliche Sichtweisen hatten. Einige waren meines Erachtens viel zu locker, und unser Sohn wurde durch das Verhalten ihrer Kinder negativ beeinflusst. Zum Beispiel gehörte eine alleinerziehende Mutter zu unserer Gemeinschaft, die sich kaum um ihren Sohn kümmerte und ihn fast nie korrigierte. Ihr Sohn und Jonathan waren damals beide etwa vier oder fünf Jahre alt und spielten oft zusammen. Leider stellten die beiden fast immer etwas an. Wir bestraften unseren Sohn, aber weil der andere Junge keine Konsequenzen erfuhr, änderte sich nichts. Wahrscheinlich hätten wir dieser Mutter unsere Unterstützung und Begleitung für die Erziehung ihres Sohnes anbieten sollen.

Während Jonathans Teenagerjahren lagen die Spannungspunkte in den unterschiedlichen Bewertungen von Aktivitäten wie Kino- oder Disco-Besuch. Die Kinder stellten ihre Eltern in Frage, weil andere Kinder mehr Freiheiten genossen als sie selbst, was natürlich unter den Familien zu Spannungen führte. Wir mussten unser Gewissen und unsere Überzeugungen überprüfen und akzeptieren, dass jede Familie unterschiedliche Ansichten vertrat.

Als Verantwortliche in der Gemeinschaft legten wir manchmal den Erwartungsdruck auf unseren Sohn, Vorbild für die anderen Kinder zu sein und versuchten, ihn in eine Schablone zu pressen. Wir hätten es zum Beispiel gern gesehen, wenn er »geistlicher« gewesen wäre und bei King´s Kids (der Jugendarbeit unserer Gemeinschaft) mitgemacht hätte, aber das lag ihm nicht. Hier konnten wir keine Pluspunkte als vorbildliche Leiter gewinnen. Schließlich erkannten wir, dass wir Gott erlauben müssen, Jonathan zu der Person zu machen, die er sich vorstellt. Unser Job war, ihn so anzunehmen wie er ist, statt ihn mit anderen zu vergleichen. Wir sollten für ihn beten, ihm helfen seine Gaben und Fähigkeiten zu entwickeln und hinter ihm stehen, damit er seine Träume und Berufswünsche erreicht. Vor allem mussten wir Gott vertrauen, dass er ihn unterweisen (Jes. 54,13) und ihn auf dem rechten Weg leiten wird (Psalm 23,3). Während der Teenagerjahre, als er manche

Versuchung zu bestehen hatte, war unser ständiges Gebet, dass er durch die Kraft Gottes bewahrt bleibt (1. Petrus 1,5). Gott war treu und hat ihn vor vielen Fallstricken bewahrt.

Im Rückblick stelle ich fest, dass ich als Mutter fälschlicherweise glaubte, dass meine Pflichten in der Gemeinschaft wichtiger seien als die gegenüber meiner Familie, und dass ich eigensinnig und rebellisch wäre, wenn ich Zeit für mich persönlich oder meine Familie beanspruchte. Ich dachte, nur meine Arbeit in der Gemeinschaft sei Dienst für den Herrn, ich selbst und meine Familie seien nicht so wichtig. Wir müssten eben Opfer bringen. Einmal war ich der Küchenmanager unseres Zentrums und leitete gleichzeitig die Jüngerschaftsschule. Während dieser Phase hatte ich selten Zeit für meine Familie und ich bedaure es, meine Prioritäten falsch gesetzt zu haben. Viele Jahre später erlebte ich einen Burn-out, weil ich nicht gelernt hatte, mich auch einmal zurückzuziehen und meine persönliche Beziehung mit Gott zu pflegen, um dadurch erfrischt und regeneriert zu werden. Ich hätte viel öfter Grenzen setzen müssen, um meine Integrität und die meiner Familie zu wahren.

Als meinem Mann, in unserer Gemeinschaft immer mehr Verantwortung übertragen wurde, wuchsen auch die Ansprüche der Mitarbeiter ihm gegenüber. War er einige Tage unterwegs, wartete meist schon eine Reihe von Leuten auf ihn, die seinen Rat suchten. Auch hier wäre es von Vorteil gewesen, wenn wir klar definiert hätten, wie viel Zeit wir anderen zur Verfügung stellen können und wie viel Zeit wir als Familie benötigen.
An diesem Punkt griff Gott ein und ermutigte uns, eine eigene Wohnung außerhalb des JMEM-Zentrums zu mieten, obwohl wir nach wie vor dienstlich zur Gemeinschaft gehörten. Nach mehr als zwanzig Jahre Gemeinschaftsleben war dies damals genau richtig und sogar therapeutisch für uns. Als Familie alleine zu wohnen, war ein Geschenk, das wir genossen. Obwohl wir viele Aspekte des Gemeinschaftslebens vermissten, erwies sich diese Entscheidung als Segen für uns alle.
Für jede Familie ist es wichtig, von Zeit zu Zeit Gott zu fragen was für sie dran ist. Für manche ist es keine Lebensberufung, in einer Gemeinschaft zu leben, sondern nur für eine bestimmte Zeit richtig. Gehorsam Gott gegenüber bringt Leben und Segen, und wenn wir wissen, dass wir in seinem Willen sind, werden sich alle Familienmitglieder in allen Lebensbereichen gut entwickeln können.

Violet und Larry Ballard (USA) sind seit 1969 im Missionsdienst, zunächst als Mitarbeiter bei Day Star Ministries und seit 1985 bei Jugend mit einer Mission (JMEM). Larry ist der internationale Direktor von JMEM-Familiendienste. Violet und Larry leben in Milton, Wisconsin (USA), in der Nähe der Familie ihres Sohnes und genießen ihre drei Enkelkinder.

Susanna Lange –
Zwischen den Generationen

Elternschaft endet nicht mit der Hochzeit der Kinder. Sie bekommt nur eine neue Ausrichtung. Unsere verheirateten Töchter kommen gern zu Besuch und genießen es, einfach da zu sein. Dann erinnern wir uns an die Vergangenheit, sprechen über die Gegenwart und über die Zukunft.

Für unseren Dienst ist uns wichtig, dass wir nicht auf unsere Kinder fixiert leben und uns nicht von ihren Entscheidungen abhängig machen. Gott zu folgen und ihm zu dienen war schon immer unsere treibende Motivation und hat uns auch geholfen, das so genannte »Leere-Nest-Syndrom« zu bewältigen. Kinder müssen ihre Eltern verlassen, um eine neue Familie zu gründen. Aber auch wir Eltern müssen sie bewusst los lassen. Weil auch unsere Kinder und ihre Ehepartner mit Gott leben und sich im Reich Gottes engagieren, fiel uns das nicht allzu schwer.

Sie sehen uns nun mit einem gewissen Abstand. Einmal sagte eine Tochter zu uns: »Es ist so schön zu erleben, wie ihr mit Gott voran geht, Neues wagt und ein Segen für andere seid. Das tut uns als junges Paar gut. Ihr seid uns ein Vorbild, und wir sind stolz auf euch!«

Seit kurzem sind wir Großeltern und freuen uns über unser erstes Enkelkind. Jetzt gehören wir zur älteren Generation und sehen uns als Verbindungsglied zwischen den Generationen. Mehr als je zuvor erkennen wir, dass Kinder ein Segen und Geschenk Gottes sind, und wir beten, dass unsere Nachkommen den Herrn lieben und ihm folgen. Mögen sie noch mehr Segen als wir erleben, ihre Berufung finden und eines Tages den Stab im Staffellauf der Generationen mit frohem und erfülltem Herzen weiterreichen.

Joel 1,3 »Sagt euren Kindern davon und lasst es eure Kinder ihren Kindern sagen und diese wiederum ihren Nachkommen.«
Gottes Plan für Familie geht über unser persönliches Leben hinaus. Es geht um mehr! Es geht um die Zukunft und darum, dass die nächste Generation wieder Licht und Salz auf dieser Erde ist und Gott ehrt.

Nachdem ich mich mit dem Gedanken Großmutter zu sein angefreundet habe, bete ich: »Herr, lass uns gute Großeltern sein, die ein wertvolles geistliches Erbe weiter geben, und lass uns nicht verpassen, der nächsten Generation von deinen großen Taten und Wundern zu erzählen.«

Wir genießen die Freiheit unserer neuen Lebensphase. Missionseinsätze sind nicht mehr abhängig von Schulferien, und Wochenenddienste sind einfacher zu planen. Am Morgen können wir ungestört gemeinsam die Bibel lesen und beten. Unser Dienst entwickelt sich und wird immer schöner.

Aber wir spüren auch zunehmend Verantwortung für unsere ebenfalls älter werdenden Eltern. Für sie ist das Leben nicht mehr leicht. Körperliche Beschwerden erinnern sie und uns an das Ende des Lebens auf Erden und an die Ewigkeit. Jetzt brauchen sie uns in einer neuen Art und Weise. Darum planen wir vermehrt Besuche bei ihnen ein. Mit Fotos lassen wir sie an unserem Leben Anteil nehmen und an dem unserer Kinder. Und wir schauen mit ihnen zurück auf ihr Leben.

Wir zeigen ihnen unsere Dankbarkeit für ihren Glauben, für ihr Vertrauen uns gegenüber und für ihre Unterstützung. Sie brauchen aber auch unsere Nähe, Fürsorge und Gebete. Auch das ist Familiendienst, der Gott am Herzen liegt.

Wir empfinden es als großen Segen, dass wir mit der Generation vor uns und nach uns im Frieden und in liebevoller Verbindung stehen. Diese Familienbeziehungen pflegen wir sehr bewusst. Wir wurden durch unsere Eltern gesegnet und wir segnen unsere Kinder und beten, dass der Segen Gottes von Generation zu Generation weiter gegeben wird.

Susanna und Mathias Lange (Deutschland), arbeiteten von 1987 bis 2000 mit King´s Kids in Ostdeutschland. Als Folge eines Missionseinsatzes in Äthiopien im Jahr 1992 entwikkelte sich ein Dienst unter den Ärmsten der Armen in Addis Abeba, welchen sie von Deutschland aus begleiten. Seit dem Jahr 2000 sind sie vollzeitliche Mitarbeiter im Familiendienst von Jugend mit einer Mission Hainichen. Sie haben drei verheiratete Töchter.

*Klaus und Maria Heizmann –***Es geht um Beziehungen, nicht nur um Ideen**

Ihr seid schon einige Jahrzehnte miteinander unterwegs und ihr habt eine große Familie – was verbindet euch beide?

***Klaus:** Als wir uns verliebten, haben gemeinsame Wurzeln in der Jugend der Schönstatt-Bewegung eine Rolle gespielt. Die ähnliche*

Prägung half uns, die persönliche Spiritualität des andern besser zu verstehen. Dazu gehörte auch die Überzeugung: Gottes Wirken ist Realität in unserem Alltag, und wir können seine Spuren erkennen. Und solch eine Spur der Liebe Gottes – da waren wir sicher – sind wir beide füreinander.

Für uns ist Gott ein Vater, den wir ansprechen können. Trotz Erfahrungen des Zweifels sahen wir immer wieder offene Türen und gemeinsame Visionen die uns verbinden. Unsere eigene und vor allem unsere gemeinsame Geschichte ist uns als Heilsgeschichte geschenkt. Auch die Möglichkeit des gemeinsamen Engagements in unserer Familiengemeinschaft ist nicht zuerst das Ergebnis zielorientierter Planung, sondern ein Geschenk, das uns die anderen zutrauen.

Ihr gehört zur Schönstatt-Familienbewegung. Warum ist es euch wichtig, Teil einer Gemeinschaft zu sein?

Maria: *Es geht um liebevolle Beziehungen, nicht nur um Ideen. Dazu gehört die Begegnung mit Personen, die uns Gottes Sorge und Liebe spüren lassen. Nicht Ideen und Aufträge, sondern liebevolle, aufmerksame Beziehungen haben uns in unserer Arbeit motiviert, bestärkt und gehalten. Damit sind Beziehungen zu Personen gemeint, denen wir in unserem Leben tatsächlich begegnet sind – wie etwa zum Gründer der Schönstatt-Bewegung, Pater Josef Kentenich, der 1968 starb, oder zum Priester, der uns getraut hat, oder zu Freunden mit denen wir zusammenarbeiten. Dazu gehört auch Maria, die Mutter Jesu und die Frau, an der ablesbar ist was Nachfolge heißt. Sie hat Kirche als Person schon verwirklicht und anschaulich gemacht. Kirche ist für uns nicht eine rein menschliche Gemeinschaftsform.*

Gemeinschaft spielt eine große Rolle – nicht nur im gemeinsamen Dienst, sondern auch in der Anteilnahme am Leben der anderen. Waren es früher Hochzeiten und Tauffeiern, laden wir einander jetzt zu Silberhochzeiten, zu Hochzeiten der Kinder und zu runden Geburtstagen ein. Gemeinsame Vorsätze, etwas miteinander zu bewegen, bekommen damit eine ganz andere Lebensfülle. Wir sind Lebensgemeinschaft, nicht nur Arbeitsgemeinschaft.

Wie wird euer Glaube im täglichen Leben erfahrbar?

Klaus: *Uns ist das Erleben mit allen Sinnen wichtig. Zu den alltäglichen Erfahrungen gehört z. B. dass wir unsere Gemeinsamkeiten, unsere Werte und Wegstationen immer sichtbar machen wollten – einer dem anderen als Ehepaar, mit den Kindern in der Familie oder auch als Gruppe. Das wollen ja auch die Sakramente im kirchlichen Leben: Gottes Gnade wird sichtbar und verstehbar an Erfahrungen wie Versöhnung, an Zeichen wie Wasser und* an Gesten wie etwa beim Segnen. Dazu gehören auch Bilder und Symbole, mit denen wir Erlebnisse von Tagungen mit in den Alltag nehmen, z. B. eine Muschel oder einen Stein, der liebevoll gestaltete Tischschmuck usw.

Wie lebt Ihr diese Spiritualität zuhause?

Maria: Wir haben einen Platz im Haus eingerichtet, an dem wir alles sichtbar zu machen versuchen, was uns wertvoll ist. Deshalb sagen wir dazu auch nicht Gebetsecke, obwohl wir oft dort beten, sondern unser Hausheiligtum. Da sehen wir unsere Schätze - die Fotos der Großeltern, unser Hochzeitsfoto und Bilder der Kinder, gerade eingetroffene Einladungen oder eine Bitte um Gebet. Als die Kinder noch zur Schule gingen, stellten sie z.B. eine brennende Kerze auf, um daran zu erinnern, für die Klassenarbeit zu beten. Solche Zeichen sind auch unseren erwachsenen Kindern noch wichtig. An diesem Platz ist unsere Heilsgeschichte sichtbar auf einen Blick - auch wenn sie sich vielleicht gerade nicht so heil anfühlt. Aber gerade dann tut es gut, sich allein oder miteinander hinzustellen oder hinzusetzen und unser Leben und unsere Lieben Gott anzuvertrauen. Das ist noch einmal neu wichtig geworden, seit die Kinder nicht mehr zuhause sind und für uns manchmal nicht erkennbar ist, was aus dem Glauben geworden ist, den wir zuhause so oft gefeiert haben.

Wie habt Ihr euch als Familie nach außen engagiert?

Maria: Diese fühlbare und sichtbare Gestaltung unseres Glaubens, lag uns beiden immer sehr am Herzen. Deshalb haben wir bei der Vorbereitung von Tagungen oft die kreativen Programmteile übernommen und vor allem die Kinderprogramme. Unsere eigenen Kinder waren ganz selbstverständlich mitten drin.

Klaus: Miteinander haben wir immer wieder nach Bildern, Symbolen und Bibelstellen für unsere Gemeinsamkeiten als Paar gesucht, um unser gemeinsames Profil zu entdecken. Auch dabei war das gemeinschaftliche Leben in einer Gruppe immer wieder Anregung und Herausforderung zum Wachsen; vor allem aber Geschenk.
Im Miteinander der geistlichen Bewegungen – als Folge der beiden ökumenischen Mitarbeiter-Kongresse in Stuttgart 2004 und 2007 – wurden wir sehr bereichert. Die Schätze der anderen Gemeinschaften haben uns auch unser eigenes Profil neu entdecken lassen.

Klaus und Maria Heizmann sind seit 1974 verheiratet, haben sechs Kinder und derzeit einen Enkel. Klaus ist Diözesanreferent für Ehe- und Familienpastoral, Maria ist Erzieherin und jetzt als Pfarrsekretärin in Teilzeit berufstätig. Heizmanns gehören zur Schönstatt-Familienbewegung und sind in der örtlichen Pfarrei engagiert.

»Dafür wollen wir bekannt sein« – Vision und Ziele

In Sprüche steht: »Ohne Vision geht ein Volk zugrunde« (Sprüche 29,18); und ein Sprichwort sagt: »Wenn du kein Ziel hast, wirst du nirgendwo ankommen«.

Vielleicht hast du es schon mal erlebt, dass du eine Aufgabe übernommen hast, aber dir dafür die Vision fehlt. Du tust deine Pflicht, aber ohne Vision (ohne das Endergebnis im Blick) fehlt die Leidenschaft und die Motivation. Doch wenn du eine Vision hast, bist du motiviert und setzt dich leidenschaftlich ein.
Ob, wie und in welchem Maße wir uns für eine Sache einsetzen wird davon abhängen, ob wir dafür Vision haben, oder ob wir nur  unsere Pflicht erfüllen.

Eine Vision (ein Traum, der kein Traum bleiben soll) zeigt uns ein Ziel, für das sich jeder Einsatz lohnt. Um dieses Ziel zu erreichen, werden wir entsprechend handeln. Ein langfristiges Ziel ist wie das Ziel einer Reise, das die Richtung vorgibt. Daraus ergeben sich dann viele kurz- und mittelfristige Ziele und Handlungen. Alles richtet sich nach dem eigentlichen Reiseziel. Damit wir »ankommen«, ist es wichtig, dass wir langfristige Ziele haben.

In dieser Einheit beschäftigen wir uns mit Werten, Überzeugungen und Lebenszielen, also mit der Frage was uns wirklich wichtig ist und wofür wir als Familie bekannt sein wollen.

Jes. 55,2 »Warum gebt ihr euer Geld aus für Brot, das nichts taugt, und euren sauer verdienten Lohn für Nahrung, die nicht satt macht?« (Übersetzung: Gute Nachricht).
Dieser Vers bewegte uns im Hinblick auf unsere Lebensberufung und dies führte schließlich dazu, dass wir 1987 Arbeitsstelle und Haus aufgaben, bei Jugend mit einer Mission einstiegen und uns seither für starke Ehen und Familien einsetzen. Unsere Kinder waren damals drei Jahre und ein Jahr alt.

Vor 15 Jahren hatten wir die Vision eines JMEM-Zentrums in Ostdeutschland, das familienfreundlich ist und in dem vorrangig Familien ermutigt, gestärkt und für missionarische Dienste ausgebildet werden. Diese Vision war unser Antrieb. Dafür setzten wir uns leidenschaftlich ein mit allem was wir waren und hatten und gingen Glaubensabenteuer ein. Bei jeder möglichen und unmöglichen Gelegenheit sprachen wir darüber, luden andere ein mitzuarbeiten und dieses Vorhaben mit Gebet und Finanzen zu unterstützen. Auf diese definierte Vision hin war all unser Handeln ausgerichtet.

Als vollzeitliche oder ehrenamtliche Mitarbeiter einer Gemeinde oder einer christlichen Organisation haben wir eine Vision und Ziele für unseren Dienst – sonst wären wir nicht an diesem Platz. Aber haben wir auch eine Vision und Ziele für unsere Familie?

Unsere Kinder sind die Menschen, die wir am nachhaltigsten beeinflussen. Sie werden die Väter und Mütter unserer Enkel sein. Sie sind die Leiter von morgen. Sie sind die Botschaft, die weiter wirkt, wenn es uns nicht mehr gibt. Ist uns bewusst, dass uns Gott durch unsere Kinder die Möglichkeit gibt, die Zukunft zu beeinflussen?

Es gibt wohl kaum etwas, das mehr Erfüllung bringt, als sich in das Leben von Menschen, insbesondere in unsere Kinder, zu investieren und ihr Leben positiv zu beeinflussen. Ich möchte der nächsten Generation ein gutes Erbe hinterlassen. Ich werde die Werte hinterlassen, die mir so wichtig waren, dass ich sie gelebt habe. Waren es göttliche Werte, hinterlasse ich ein göttliches Erbe – waren es ungöttliche Werte, dann hinterlasse ich diese. Am Schluss wird zählen welches Erbe ich hinterlasse, nicht welches ich bekommen habe.

Jeder Mensch wird ernten, was er gesät hat.
Galater 6, 7 – 9

Vision für unsere Ehe

Als wir 1980 heirateten, hatten wir uns kaum mit Lebenszielen und schon gar nicht mit Zielen für unsere Ehe auseinandergesetzt. Wir liebten uns. Das sollte doch reichen. Als sich nach einigen Jahren eine ernsthafte Krise anbahnte und unsere Ehe zu zerbrechen drohte, wurden wir sozusagen gezwungen, uns über unsere Ehe Gedanken zu machen. Wollten wir uns trennen, oder uns irgendwie arrangieren und nebeneinander her leben? Oder wollten wir unsere Ehe so entwickeln, dass wir auch noch nach 30 Jahren sagen würden:»Wir sind glücklich verheiratet!« Dass gute Ehen nicht vom Himmel fallen, war uns spätestens jetzt klar. Damals und in den folgenden Jahren haben wir, unter anderem, folgende Ziele formuliert:

Gute Ehen fallen nicht vom Himmel

Wir sind ein starkes Team

Andreas und ich sind in jeder Hinsicht sehr unterschiedlich und haben dementsprechend viel Konfliktpotenzial. Aber wir haben genauso viel Potenzial, unsere Unterschiedlichkeit als Chance zur Ergänzung zu sehen und ein starkes Team zu sein. Wir hatten die Wahl und haben uns für letzteres entschieden.

Unsere Beziehung ist wichtiger als der Dienst

Da wir meistens gemeinsam an Projekten arbeiten, kann es leicht passieren, dass sich unsere Gespräche nur noch um die Arbeit, den Dienst und die Mitarbeiter drehen. Wir haben dies im Blick und setzen bewusst andere Akzente (Konzert, Kino, Freunde treffen, Nordic Walking usw. Im letzten Herbst haben wir an einem Salsa-Tanzkurs teilgenommen).

Regelmäßige Kommunikation – ein wichtiger Schlüssel für unsere Beziehung

Weil wir so unterschiedlich sind, müssen wir umso sorgfältiger kommunizieren, um Missverständnisse zu vermeiden. Wir haben gelernt:»Effektive und regelmäßige Kommunikation beugt Beziehungsstress vor«. Weil uns das nicht automatisch gelingt, braucht es immer wieder Entscheidungen. Wir müssen Zeit dafür einplanen, gegebenenfalls Müdigkeit oder Trägheit überwinden, uns einander öffnen und einander aufmerksam zuhören (Ich will wissen was er/sie denkt!).

Anregung zum Partnergespräch und/oder für die Gesprächsrunde

Welche Überzeugungen und Werte sind euch als Ehepaar und als Familie so wichtig, dass ihr sie leben wollt?

Vision für unsere Kinder

Ich erinnere mich noch sehr gut an eine Situation als unsere Kinder 8 und 10 Jahre alt waren. Damals wurde uns schlagartig bewusst, dass Halbzeit war. In weiteren 8 bis 10 Jahren würden sie das Elternhaus verlassen. Bis dahin hatten wir eher vage Erziehungsziele. Die Tatsache, dass uns als Eltern »nur« noch 8 bis 10 Jahre blieben, in denen wir ihnen unsere Werte vermitteln, sie in praktischen Lebensbereichen trainieren und in ihrer Persönlichkeitsentwicklung begleiten konnten, brachte uns dazu aufzuschreiben was wir bis dann erreicht haben wollten. Diese Liste nahmen wir uns in den Folgejahren immer wieder vor, überprüften, korrigierten und erweiterten sie nach Bedarf. Dabei hatten wir folgende Vision fest im Blick:

»Unsere Kinder sollen zu gesunden, beziehungsfähigen, selbständigen und verantwortlichen Persönlichkeiten heranwachsen, die Gott lieben, ihrer Berufung folgen und ein Segen für Andere sind.« Natürlich ist es nur zum Teil unser Verdienst, wenn unsere Kinder sich tatsächlich so entwickeln wie wir es uns wünschen, selbst wenn wir unsere Sache als Vater / Mutter / Trainer gut gemacht haben. Auch ihre eigenen Entscheidungen und ihre Reaktionen auf Ereignisse, die in ihr Leben kommen, bestimmen den Kurs. Außerdem haben Schule, Medien, Freunde etc. Einfluss, besonders in den Teenagerjahren, wenn die jungen Menschen auf der Suche nach ihrer Identität sind. Was jedoch seit frühester Kindheit zuhause erlebt wurde, prägt nachhaltig, und darüber hinaus sollten wir niemals die Autorität des Gebets liebender Eltern unterschätzen.

Um diese Vision zu konkretisieren, definierten wir für unsere Kinder folgende Ziele:

Wenn unsere Kinder 18 Jahre alt sein werden, sollen sie ...

- eine stabile Identität als Mann bzw. Frau besitzen und sich selbst annehmen,
- in der Beziehung zu Gott ruhen, Gottes Stimme kennen, das Wort Gottes als Lebensfundament anerkennen, ihren Platz / Rolle in der Gemeinde finden und ausfüllen,
- ihre Persönlichkeit und Begabungen kennen und ihre Berufung verstehen; bereit sein zu lernen und ihre Talente zu entwickeln,

- einen Beruf erlernen, der ihrer Begabung und ihrer Berufung entspricht und fähig sein, ihren Lebensunterhalt zu verdienen,
- Soziale Kompetenz besitzen,
  - die zentrale Rolle von Kommunikation verstehen,
  - Verständnis über unterschiedliche Persönlichkeitstypen haben,
  - Konfliktfähig sein und standfest die eigene Meinung vertreten können,
  - mit Stress umgehen können.
- Teamfähig sein
  - sich auf andere einstellen können,
  - sich einordnen können ohne die eigene Individualität aufzugeben,
  - in der Lage sein, gemeinsam mit anderen Probleme zu lösen.
- Lebenspraktische Fähigkeiten besitzen
  - fähig sein Geld zu verwalten (Zehnten geben, Sparen, Geld einteilen),
  - ihre Zeit einteilen können,
  - einen eigenen Haushalt führen können, (Garderobe in Ordnung halten, Waschmaschine bedienen, bügeln, kochen und backen, überlegt einkaufen, die Wohnung in Ordnung halten);
  - verantwortlich mit ihrem Körper und ihrer Gesundheit umgehen (gesunde Ernährung, vernünftiger Umgang mit Alkohol, regelmäßige Vorsorgeuntersuchungen),
  - sich in Öffentlichkeit und Gesellschaft zurechtfinden (Umgang mit Behörden, Versicherungen, Banken),
  - mobil sein (Bus, Bahn, eigener Führerschein),
- Praktische Fähigkeiten besitzen:
  - Computer bedienen,
  - einfache Reparaturen im Haus ausführen,
  - Musikinstrument spielen,
  - organisieren und anleiten, z. B. Feste moderieren,
- Verantwortung für das eigene Reden und Handeln übernehmen, z. B. sich entschuldigen wenn jemand verletzt und wiedergutmachen, wenn etwas beschädigt wurde.
- Politische und gesellschaftliche Verantwortung wahrnehmen (zur Wahl gehen, schonend mit den natürlichen Ressourcen umgehen).

Viele Schritte führen zum Ziel

Damit wir unsere Ziele auch erreichen und sie keine bloßen Wunschvorstellungen bleiben, müssen sie umgesetzt werden. Wir erzählen unseren Kindern was uns wichtig ist (Werte) und was wir uns für sie wünschen (Ziele). Dann definieren wir konkrete Schritte, wie diese Ziele erreicht werden können und setzen sie mit ihnen im Alltag um. Und schließlich werten wir aus, ob wir das Ziel erreicht haben und nehmen gegebenenfalls Korrekturen vor.

Ziele erfordern Entscheidungen und eine konsequente schrittweise Umsetzung.

Ein einfaches Beispiel:

Ich möchte, dass mein Vierjähriger sich alleine anziehen kann (Ziel).

Dann kommt die Umsetzung (Schritte):

1. Ich treffe eine Entscheidung: Er soll sich alleine anziehen. Ich helfe ihm nur bei Bedarf.
2. Ich sage ihm, was ich von ihm erwarte (»Du bist ein großer Junge und kannst dich jetzt selbst anziehen. Wenn du Hilfe brauchst, kannst du mich fragen.«)
3. Ich zeige und erkläre ihm Details mit denen er nicht klar kommt, z. B. welcher Schuh zu welchem Fuß gehört.
4. Ich trage die Entscheidung mit allen Konsequenzen durch, z. B. plane ich mehr Zeit ein fürs Anziehen, bin geduldig, ermutige meinen Sohn und belohne ihn für Teilerfolge. Ich bleibe dabei, auch wenn er zeitweise keine Lust hat und es mich mehr Nerven kostet darauf zu bestehen, dass er sich selbst anzieht, als es für ihn zu tun.
5. Ich werte aus und komme z. B. zum Schluss, dass mein Sohn in der Lage ist, sich fast selbstständig anzuziehen, aber beim Binden der Schuhe und Schließen des Reißverschlusses am Anorak noch eine Weile Hilfe benötigt. Ich spare nicht mit Lob und Anerkennung, wenn er sich angestrengt hat.

Arbeitsblatt: Was ist dir wirklich wichtig? (Überzeugungen und Werte)

Werte bestimmen unsere grundsätzliche Ausrichtung. Deshalb beantworte die folgenden Fragen für dich persönlich. Danach tausche mit dem Ehepartner aus. Anschließend definiert ihr gemeinsam die Werte, die euch wichtig sind.

Familie

1. Welche biblischen Werte spielen in deinem Lebensstil eine wichtige Rolle (z.B. Dankbarkeit, Großzügigkeit, Vergebungsbereitschaft, Fleiß, Sparsamkeit, Hilfsbereitschaft etc.)?

2. Auf welche Weise trefft ihr Entscheidungen, die euch als Familie betreffen?

3. Stell' dir vor, du solltest ein Referat halten zum Thema »Elternschaft«. Was wären die drei wichtigsten Dinge, die du weitergeben würdest?

4. Welche drei Eigenschaften würden deiner Meinung nach einen Vater, bzw. eine Mutter kennzeichnen, der seiner bzw. die ihrer Verantwortung nicht gerecht wird?

5. Welche Ereignisse (Feiern, Veranstaltungen) sind dir wichtig und kommen in deinen Kalender?

6. Wenn ein Fremder euch besuchen würde, woran würde er erkennen, dass Gott im Mittelpunkt eurer Familie ist?

7. Welches Fehlverhalten wird in deiner Familie auf jeden Fall bestraft?

8. Wie wünschst du dir deine Familie in fünf Jahren?

9. Was wünscht du dir für euch als Ehepaar und für deine Kinder, wenn sie erwachsen sind?

Dienst

1. Wofür setzt du dich gerne ein und was motiviert dich?

2. Verstehen deine Familienmitglieder deinen/euren Dienst und stehen sie dahinter?

Dafür wollen wir als Familie bekannt sein

Wir brauchen zunächst eine Perspektive als Ehepaar, die unser beider Berufung entspricht. Kinder teilen zunächst die Berufung ihrer Eltern, entwickeln dann aber ihre eigene Berufung. Sie werden den Kurs beeinflussen, ihn aber nicht ändern. Je älter unsere Kinder werden, umso wichtiger ist es, sie in unsere Überlegungen einzubeziehen. Wenn wir wissen, wofür wir als Familie bekannt sein wollen, dann können wir gute Entscheidungen treffen, Prioritäten setzen und mit den Folgen leben.

Als wir 1992 den Gedanken bewegten, von West- nach Ostdeutschland umzuziehen um dort ein neues JMEM-Zentrum aufzubauen, haben wir unsere Kinder, die damals sieben und neun Jahre alt waren, in den Entscheidungsprozess mit einbezogen. Dies war wichtig, denn sie mussten ebenso wie wir, die Konsequenzen tragen. Für sie bedeutete dieser Umzug mehrmalige Schulwechsel, Freunde aufgeben und neue Freunde finden und vor allem, sich in einer anderen Kultur zurechtfinden. Die damit verbundenen Schwierigkeiten, die wir in den folgenden Jahren erlebten, wurden tragbar, weil jeder in der Familie wusste, »ich habe mit entschieden und jetzt ziehen wir das gemeinsam durch«.

**Anregung zum Partnergespräch
und für die Gesprächsrunde**

- Was würde in der Zeitung stehen, wenn jemand in 15 Jahren über unsere Familie schreiben würde?
- Worauf wollen wir in 25 Jahren zurückschauen können?

Aktion mit der Familie: Wir gestalten ein Familienbanner

Ein Familienbanner ist eine gute Möglichkeit zu definieren, wofür wir als Familie bekannt sein wollen. Wir stellen darauf unsere wichtigsten Werte und Ziele auf einfache und prägnante Weise dar. Ein Familienbanner kann uns immer wieder inspirieren und uns an unsere Ziele und Werte erinnern. Wie ein Kompass kann es uns zur Orientierung und gegebenenfalls zur Kurskorrektur dienen.

So wird's gemacht:

Wir sind uns einig, dass wir die Vision für unsere Familie gemeinsam entwickeln wollen. Wir kommen als Familie zusammen und bitten Gott uns zu leiten. Jeder überlegt sich die folgenden Fragen und notiert seine Gedanken auf einem Zettel:

1. Das sind wir:
   - Namen und Alter, Nationalität,
   - Welches Familienerbe haben wir?
   - unser Eheversprechen (Eltern)
   - vielleicht ein spezielles Lied, ein bildhafter Vergleich, oder ein Bibelwort, das unsere Familie beschreibt
   - prägende Erfahrungen
2. Dies sind unsere wichtigsten Werte und Grundsätze:
3. Wohin gehen wir?
   - Träume, Visionen, Wünsche
   - Worte, die Gott zu uns gesprochen hat
   - So verstehen wir unsere Berufung
   - Auf diese Weise setzen wir unsere Ziele um (Aktionen, Tätigkeiten)
4. Dafür wollen wir als Familie bekannt sein
   - Was würde in der Zeitung stehen, wenn jemand in 15 Jahren über unsere Familie schreiben würde?
   - Worauf wollen wir in 25 Jahren zurückschauen können?
   - Formuliert ein Motto oder Schlagwort

Wir tauschen unsere Überlegungen aus und sprechen darüber. Gedanken, die mehrmals auftauchen, sind besonders wichtig und verdienen spezielle Aufmerksamkeit. Wir formulieren zu den verschiedenen Punkten jeweils eine gemeinsame Aussage. Diese schreiben oder zeichnen wir auf ein großes Blatt Papier oder Karton (am besten Plakatgröße, DIN A 2 oder 3). Unser Familienbanner hängen wir an einem Ort zuhause auf, der für uns alle gut sichtbar ist.

Unser Familienbanner – Familie Frész 1999

1. Das sind wir:
   - Andreas, Angela, Johannes und Julia Frész, Deutschland.
   - Unsere Vorfahren waren Flüchtlinge und Vertriebene aus Tschechien und Ungarn; Leiterpersönlichkeiten, Pädagogen, Musiker, Künstler, Handwerker und Unternehmer;
   - Unser Trauvers: *Micha 6,8:»Der Herr hat euch doch längst gesagt, was gut ist! Er fordert von euch nur eines: »Haltet euch an das Recht, begegnet anderen mit Güte, und lebt in Ehrfurcht vor eurem Gott!«*
   - Leitmotiv für unsere Familie: Als Einzelne und als ganze Familie zur Ehre Gottes leben und dem Herrn dienen.
   - Prägende Erfahrungen:
     - Als Familie leben wir in einer interkonfessionellen und internationalen Dienst-Gemeinschaft und haben gelernt, andere Konfessionen und Kulturen als Ergänzung anzunehmen.
     - Wir sind mehrmals umgezogen und haben gelernt, mit Neuanfängen umzugehen.
     - Wir haben mehrmals und über Monate im Ausland gelebt und dabei entdeckt, dass wir als Familie in der Lage sind uns anzupassen und gern unterwegs sind

2. Dies sind einige unserer wichtigsten Werte und Grundsätze:
   - Wir wollen authentisch sein und leben, was wir »predigen«.
   - Gott hat einen besonderen Platz in unserer Familie. Wir beziehen Gott bewusst in unser Familienleben ein.
   - Ehe und Familie sind wichtiger als der Dienst. Wir halten zusammen und sind füreinander da. Wir nehmen uns bewusst Zeit füreinander.
   - Beziehungen in der Familie, zu Großeltern und Verwandten, zu Freunden und Mitarbeitern werden gepflegt.
   - Jeder von uns ist einzigartig. Wir sehen unsere Unterschiedlichkeit als Ergänzung und unterstützen uns gegenseitig. Wir verteilen die Aufgaben in der Familie so, dass jeder seine Stärken einbringen kann.
   - Wir legen Wert auf klare, offene Kommunikation – dafür nehmen wir uns täglich Zeit.
   - Konflikte gehören zum Leben. Wir lösen unsere Konflikte so schnell wie möglich und vergeben einander.

- Wir sind dankbar für die Ressourcen, die Gott uns anvertraut hat und teilen großzügig mit anderen.

3. Wohin gehen wir?

- Unser Wunsch: Als Familie wollen wir ein Segen sein für die Menschen in unserer Umgebung, in Deutschland, Europa und der ganzen Welt.
- Weil wir glauben, dass Familie der primäre Ort für Jüngerschaft ist, setzen wir uns dafür ein, dass Familien gestärkt, gefördert und wo nötig geheilt werden, und dass sie Gelegenheiten bekommen, Erfahrungen mit Gott zu machen, damit sie ihren Platz im Reich Gottes einnehmen können.
- Bibelworte, die uns leiten: *2. Tim. 2,2 »Was du von mir in Gegenwart vieler Zeugen gehört hast, das gib jetzt an zuverlässige Christen weiter, die fähig sind, auch andere im Glauben zu unterweisen.« und Jesaja 58,12:»Euer Volk wird wieder aufbauen, was seit langem in Trümmern liegt, und wird die alten Mauern wieder errichten. Man nennt euch dann ‚das Volk, das die Lücken der Stadtmauer schließt' und Volk, das die Ruinen bewohnbar macht.« (Übersetzung Hoffnung für Alle)*

»Ausgewertete Erfahrung ist der beste Lehrer.«

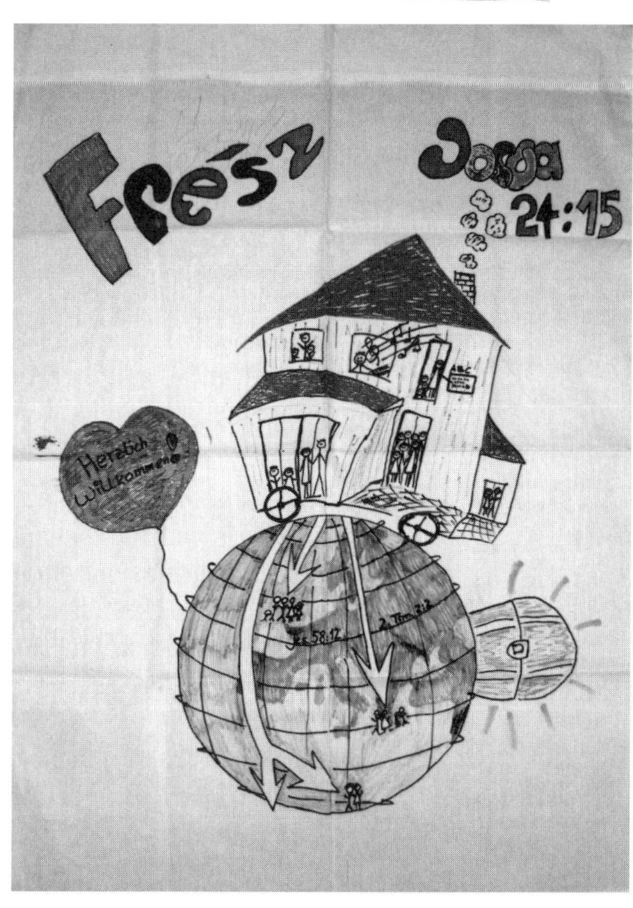

- Wir verstehen unsere Berufung so, dass wir als ganze Familie zu JMEM gerufen sind – bis unsere Kinder das Elternhaus verlassen und ihrer persönlichen Berufung folgen.

4. Dafür wollen wir als Familie bekannt sein:

- *Eine Familie, von der viel Segen ausging*
- *Josua 24,15: »Ich aber und meine Familie, wir wollen dem Herrn dienen.«*

Auswertung und Rückblick

Familie Frész 2005

Als unsere Kinder 2005 beide das Elternhaus verließen, haben wir mit ihnen zusammen unsere Familienjahre ausgewertet (was war gut, was habt ihr vermisst, was hättet ihr euch anders gewünscht?) Auch wenn nicht immer alles glatt lief, wir unterwegs Täler durchschritten haben, es einige Kursabweichungen gab und nicht jedes Erziehungsziel, das wir gesteckt hatten, genau nach Plan umgesetzt worden war, so waren wir doch dankbar, dass wir erfolgreich unser Reiseziel erreicht hatten. Die Familienjahre waren vorbei, unser Erziehungsauftrag beendet. Jetzt mussten wir die Kinder los lassen. Nun legen sie selbst die nächsten Etappen fest und wir geben ihnen die Unterstützung, die sie in dieser Lebensphase benötigen. Als Ratgeber und gute Freunde begleiten wir sie weiter. Und natürlich beten wir täglich für sie. Es ist gut zu wissen, dass sie in Gottes Hand sind und dass er sie weiter führen wird.

Hör nicht auf – spiel weiter!

Als Eltern kommen wir immer wieder an Grenzen, fühlen uns häufig nicht kompetent; unsere Fähigkeiten scheinen nicht auszureichen, um unsere Vision auch umzusetzen. Wenn sich Entmutigung breit machen will und du am liebsten aufgeben möchtest, mache dir bewusst, dass es nur darauf ankommt zu geben was du hast. Gott wird die Lücke füllen. Möge die folgende Geschichte von Charles R. Swindoll uns alle ermutigen, ihm neu zu vertrauen und mit ihm weiterzugehen.

»Eine Mutter, die ihren kleinen Sohn, der Klavier spielen lernte, ermutigen wollte, kaufte Karten für ein Klavierkonzert. Sie kamen einige Minuten früher, suchten ihre Plätze in der vordersten Reihe auf und entdeckten den Steinway-Flügel auf der Bühne. Die

Mutter erblickte eine Freundin, und während sie mit ihr plauderte, entwischte der kleine Junge. Punkt 20.00 Uhr ging die Bühnenbeleuchtung an, das Publikum wurde leiser - und erst jetzt bemerkte die Mutter ihren kleinen Sohn, wie er vor dem Flügel saß und eine kleine Kindermelodie klimperte. Die Mutter hielt die Luft an. Aber bevor sie ihren Sohn herunterholen konnte, betrat der Meister die Bühne, ging zum Flügel und flüsterte dem kleinen Jungen ins Ohr: »Hör´ nicht auf – spiel´ weiter!«Er lehnte sich über ihn und begann mit seiner linken Hand die Bassbegleitung zu spielen. Bald darauf legte er auch den rechten Arm um den Jungen und spielte dazu ein fließendes Obligato. Gemeinsam hielten der Meister und der kleine Junge das Publikum in Atem.

In unserem Leben, so unpoliert es auch sein mag, ist es der Meister, der uns umgibt und uns immer wieder ins Ohr flüstert: »Hör´nicht auf – spiel´ weiter!« Und während wir das tun, füllt ER aus was fehlt und ergänzt uns, bis ein Werk von erstaunlicher Schönheit geschaffen ist.«

Gott hält seine Hand über unser Leben. Er ermutigt uns, die Gaben einzusetzen, die er uns gegeben hat, nicht mehr und nicht weniger. Lassen wir uns nicht entmutigen, denn der Meister ist für uns.

Hebräer 10, 35 – 36:
»Werft nun euer Vertrauen nicht weg! Es wird sich erfüllen, worauf ihr hofft. Aber ihr müsst standhaft bleiben und tun, was Gott von euch erwartet. Er wird euch alles geben, was er zugesagt hat.«

Empfehlung für den Abschluss dieser Einheit

Gott danken für das Potenzial, das wir als Familie haben – aktuelle Schwierigkeiten seiner guten Führung anvertrauen und mit seiner Hilfe rechnen.

Feiern, was wir schon erreicht haben.

Zur Vertiefung

Paul Donders und Michaela Kast: »Powercheck –
so finden Teens und Twens den richtigen Beruf«, Schulte und Gerth
Paul Donders: »Kreative Lebensplanung – Entdecke deine Berufung,
entwickle dein Potenzial, beruflich und privat«, Schulte und Gerth

Dean Sherman

Beziehungen. Der Schlüssel
zu Liebe, Sex und allem anderen

152 x 229 mm; Paperback; 144 Seiten
ISBN 978-1-57658-432-3

Mit großer Klarheit und viel Humor
bringt Dean Sherman Licht ins Dunkel der
oft verwirrenden Welt von Liebe, Sex und Beziehungen. Scho-
nungslos untersucht er die Rolle, die romantische Liebe und
Sex im Leben von Christen spielen.

- Was hat es mit der »Gabe der Anziehung« auf sich?
- Warum ist »Wie weit darf ich gehen?« nicht die eigentli-
  che Frage?
- Worin liegen Bedeutung und Wert guter, göttlicher Beziehungen?
- Wie erlange ich Heilung, wenn ich mit sexueller Sünde
  aus meiner Vergangenheit zu kämpfen habe?
- Welche liebevollen und hilfreichen Prinzipien begründen
  die Grenzen, die Gott Beziehungen gesetzt hat?

»Beziehungen« ist eine unmittelbar relevante und erfrischend
direkte Erörterung des dynamischsten und grundlegendsten
Bereiches unseres Lebens. Dieses gut durchdachte, mutig ge-
schriebene Buch hält für all diejenigen eine Antwort bereit,
die von der egozentrischen Beliebigkeit, die in den meisten
Medien vermittelt wird, enttäuscht sind und die gesetzlichen
Ansichten, welche Beziehungen auf eine Liste von Regeln reduzieren, nicht teilen können. Dean Sherman bietet eine ausgewogene, biblisch begründete Alternative, die den Praxistest
besteht.

Janet & Geoff Benge

Georg Müller
Vater der Waisen von Bristol

135 x 205 mm; Paperback; 184 Seiten
ISBN 978-1-57658-426-2

In seiner Kinder- und Jugendzeit bestahl Georg Müller seinen Vater häufig, lief aus Abenteuerlust von der Schule weg und war auch sonst vor allem auf seinen Vorteil bedacht. Während seines Theologiestudiums nahm ihn ein Freund mit zu einer Bibelstunde, woraufhin er Christ wurde und beschloss sein Leben zu ändern. Welche Folgen das hatte und wie aus dem Dieb und Spieler ein Vater für zehntausend Waisenkinder wurde, erzählt dieses Buch für Zehn- bis Sechzehnjährige in sehr eindrücklicher Weise.

Janet & Geoff Benge

Graf Zinzendorf
Was tust du für mich?

135 x 205 mm; Paperback; 160 Seiten
ISBN 978-1-57658-427-9

Bereits im Alter von fünfzehn Jahren traf Nikolaus Ludwig Graf von Zinzendorf die Entscheidung, alles in seiner Macht stehende zu tun, dass möglichst viele Menschen die Botschaft von Jesus hören könnten. Sein Entschluss führte ihn zu einem abenteuerlichen und einflussreichen Leben, aber auch in die Verbannung und zur Aufgabe vieler Privilegien. Bis heute inspiriert seine Hingabe Menschen zu einem kompromisslosen Leben mit Gott. Seine faszinierende Lebensgeschichte wird in diesem Buch für Leute ab zehn erzählt.

Dan Baumann

Gefangen im Iran
Unter falscher Anklage

152 x 229 mm; Paperback; 216 Seiten
ISBN 978-1-57658-431-6

Dan Baumann beschreibt in »Gefangen im Iran« eine Reise durch dieses gastfreundliche Land, die er um die Jahreswende 1996/97 gemeinsam mit einem Freund unternahm. Sie lernen den Iran abseits der Touristenpfade kennen und begegnen vielen Einheimischen. Doch dann nimmt die Reise einen unerwarteten Verlauf. Beim Grenzübertritt zurück nach Turkmenistan werden ihnen die Pässe abgenommen. Um sie wiederzubekommen, müssen sie noch einmal nach Teheran fahren, werden gefangen genommen und in das berüchtigte Hochsicherheitsgefängnis Evin gebracht. Verhöre, Misshandlungen, die Einsamkeit in seiner Zelle lassen Dan Baumann verzweifeln. Trotzdem entscheidet er sich, die Wahrheit zu sagen und seinen christlichen Glauben nicht zu verbergen.

Es sind extreme Erlebnisse, von denen der Autor hier berichtet. Überraschenderweise fordert seine genaue und ehrliche Erzählweise aber dazu heraus, sich in das Erlebte hineinzuversetzen und sich zu fragen, wie man selbst in ähnlichen Herausforderungen reagieren würde. Ein aufwühlendes und zugleich mutmachendes Buch.